POLYGLOTT on tour

Schottland

W0067491

Die Autoren
Brigitte Ringelmann
Thomas Rudolf

Unser E-Book-Code zur elektronischen Erweiterung des
POLYGLOTT on tour. Das kostenlose E-Book enthält die im
Reiseführer aufgeführten Adressen entlang der Touren,
beispielsweise zu Essen und Trinken, Shoppen, Aktivitäten
und Hotel-Tipps. Links auf einen externen Kartendienst
vereinfachen das Auffinden dieser Adressen.

**Mit großer Faltkarte
& 80 Stickern
für die individuelle Planung**

www.polyglott.de

SPECIALS

28 Kinder
48 Whisky
63 Edinburgh Festivals

ERSTKLASSIG!

33 Außergewöhnliche
   Unterkünfte
47 Feine Küche und
   Fish & Chips
84 Prachtvolle Gärten
101 Schottisches Marktleben
131 Herrliche Strände
138 Gratis entdecken

ALLGEMEINE KARTEN

4 Übersichtskarte der Kapitel
36 Die Lage Schottlands

REGIONEN-KARTEN

74 Der Süden
91 Der Osten
110 Der Westen
122 Highlands & Islands

STADTPLÄNE

56 Edinburgh
66 Glasgow
94 Aberdeen

6 Typisch

8 Schottland ist eine Reise
  wert!
11 Reisebarometer
12 50 Dinge, die Sie …
19 Was steckt dahinter?
159 Meine Entdeckungen
160 Checkliste Schottland

20 Reiseplanung & Adressen

22 Die Reiseregion
   im Überblick
23 Klima & Reisezeit
24 Anreise
25 Reisen im Land
26 Sport & Aktivitäten
32 Unterkunft
153 Infos von A–Z
155 Register & Impressum

34 Land & Leute

36 Steckbrief
38 Geschichte im Überblick
40 Die Menschen
40 Natur & Umwelt
42 Kunst & Kultur
45 Feste & Veranstaltungen
46 Essen & Trinken
158 Mini-Dolmetscher

SYMBOLE ALLGEMEIN

 Besondere Tipps der Autoren

SPECIAL Specials zu besonderen
Aktivitäten und Erlebnissen

 Spannende Anekdoten
zum Reiseziel

★ Top-Highlights und
★ Highlights der Destination

50 Top-Touren & Sehenswertes

52 Edinburgh & Glasgow
53 Tour ❶ Verlängertes Wochenende der Kontraste
55 Unterwegs in Edinburgh
65 Unterwegs in Glasgow

72 Der Süden
73 Tour ❷ Abteiruinen & die Hügel der Lammermuirs
77 Unterwegs im Süden

87 Der Osten
88 Tour ❸ Whiskytour durch Speyside
89 Tour ❹ Schlösser und Paläste
90 Tour ❺ Am Firth of Forth zur Grafschaft Fife
92 Unterwegs im Osten

107 Der Westen
108 Tour ❻ Islay und Jura
109 Tour ❼ Mull & Schottlands schönste Straße
112 Unterwegs im Westen

120 Highlands & Islands
124 Tour ❽ Rundtour: Isle of Skye
125 Tour ❾ Die Äußeren Hebrideninseln Lewis & Harris
126 Tour ❿ Von Plockton nach Ullapool
126 Tour ⓫ An der Küste von Ullapool nach Inverness
128 Unterwegs in der Region

147 Extra-Touren
148 Tour ⓬ Der Süden Schottlands in einer Woche
149 Tour ⓭ Über die Äußeren Hebriden in acht Tagen
151 Tour ⓮ Große Schottlandreise in zwei Wochen

TOUR-SYMBOLE		**PREIS-SYMBOLE**	
❶ Die POLYGLOTT-Touren		Hotel DZ	Restaurant
6 Stationen einer Tour	€	bis 50 £	bis 15 £
① Hinweis auf 50 Dinge	€€	50 bis 100 £	15 bis 30 £
[A1] Die Koordinate verweist auf	€€€	über 100 £	über 30 £
die Platzierung in der Faltkarte			
[a1] Platzierung Rückseite Faltkarte			

Perfekte Planung
Parallel Klappe vorne links aufschlagen

Top 12 Highlights

1 Royal Mile, Edinburgh › S. 56
2 Edinburgh New Town › S. 60
3 Mackintosh in Glasgow › S. 67
4 Melrose Abbey › S. 77
5 Malt Whisky Trail › S. 97
6 Balmoral Castle › S. 99
7 Blair Castle › S. 103
8 Road to the Isles › S. 118
9 Glen Coe › S. 119
10 Cuillin Hills, Isle of Skye › S. 128
11 Standing Stones of Callanish › S. 132
12 Loch Ness › S. 146

Zeichenerklärung der Karten

☐	beschriebene Region (Seite=Kapitelanfang)
10 E h	Sehenswürdigkeiten
④	Tourenvorschlag
	Autobahn
	Schnellstraße
	Hauptstraße
	sonstige Straßen
	Fußgängerzone
	Eisenbahn
	Staatsgrenze
	Landesgrenze
	Nationalparkgrenze

Die Westspitze der Isle of Skye
mit dem Leuchtturm am Neist Point

TYPISCH

Schottland ist eine Reise wert!

Kaum ein Land von der Größe Schottlands hat so viele Aspekte zu bieten: architektonische Highlights wie Edinburgh, an jeder Ecke Burgen und Schlösser, grandiose Landschaften, charakteristische Musik und ein ausgeprägter Nationalstolz, der gleichwohl weltoffen und herzlich ist.

Die Autorin **Brigitte Ringelmann**, gebürtige Münchnerin, arbeitete zwölf Jahre für die britische Fremdenverkehrszentrale VisitBritain. An Schottland liebte sie besonders die Mischung aus unberührter Natur, Gemäuern voller Geschichte und manchmal skurrilen, aber humorvollen Menschen. Frau Ringelmann verstarb 2016. Die Redaktion möchte in dieser Ausgabe ihren Blick auf Schottland als liebenswertes Reiseziel noch einmal abdrucken.

Beim Anflug auf Glasgow überzieht ein grauer Wolkenteppich das Land. Aber kaum trete ich aus dem Flughafengebäude, erwartet mich eine wahre Blumenpracht. An jeder Säule, die eine Überdachung für auf Reisebusse wartende Menschen trägt, hängen üppig und bunt gefüllte Blumenkörbe, und auch sonst spart der Schotte nicht an Blumenarrangements, wie sich auf meinem Gang durch die Rose Street in der New Town von Edinburgh mit seinen bunten Blumenkörbchen an den grauen Granithäusern zeigt. Genau darin spiegelt sich die Liebe der Schotten zur Natur ebenso wie zum großstädtischen Flair wider: Es gibt moderne Metropolen wie Edinburgh, Glasgow und Aberdeen, aber auch unendliche Natur, die zum Entspannen einlädt.

Der Unterschied zum Rest Großbritanniens wird schnell klar, nicht nur in politischer und wirtschaftlicher Hinsicht, sondern auch bezüglich Sprache und Charakter: Die Schotten sind ungeheuer liebenswerte Menschen, nur an ihre Sprache muss man sich erst gewöhnen, selbst wenn man eigentlich gut englisch spricht.

Buchanan Galleries, Glasgow

Ich konnte nicht widerstehen, Fish & Chips sind einfach ein Muss

nicht nach, es prunkt mit tollen Museen, den von Charles Rennie Mackintosh entworfenen Jugendstilgebäuden – insbesondere den Willow Tea Rooms in der Sauchiehall Street – schönen Parks und der prächtigen Einkaufsstraße Buchanan Street.

Nachdem ich in Edinburgh auch noch dem herrlichen Friedhof auf dem Weg zur Scottish National Gallery of Modern Art einen Besuch abgestattet habe, heißt es Abschied nehmen von der zauberhaften Hauptstadt, denn die Highlands mit ihren herrlichen Lochs, den mit Heide übersäten Bergen und den reizenden kleinen Dörfern rufen. Auf dem Weg aber muss ich noch unbedingt eine Pause im Fischerörtchen Anstruther an der Nordseeküste einlegen, um mir dort eine Portion Fish & Chips aus dem vielfach prämierten Restaurant und Take away Anstruther Fish Bar einzuverleiben. Da vor Schottlands zerklüfteter Küste auch 790 Inseln

Besonders im Westen wird auch die gälische Sprache gefördert. Die dort verbreiteten zweisprachigen Straßenschilder lassen sich nicht mal so eben im Vorbeifahren lesen; hier muss man schon sehr aufmerksam Auto fahren. Bei meiner letzten Schottlandreise im September 2014, zur Zeit des Unabhängigkeitsreferendums, wurde auch an den vielen YES-Schildern klar, dass Schottland seine Eigenständigkeit in jedweder Hinsicht hervorheben möchte.

Dem Besucher präsentiert sich eine reiche Auswahl. Allein Edinburgh mit seinen grandiosen Gebäuden in der Old und New Town, den kleinen Closes entlang der Royal Mile, dem einzigartigen, die Stadt überragenden Castle, den schönen Parks mitten in der Innenstadt, den herausragenden Museen, zu denen der Eintritt kostenlos ist, den vielen gemütlichen Pubs und der Lage am Firth of Forth ist schon eine Reise wert. Glasgow steht dem

Die Fassade der Strathisla Destillery hat mich fasziniert

Nessi selbst habe ich nicht gesehen, aber es gibt sie ja auch als Stofftier

Natürlich steht Schottland für Wandern, Radfahren, Golf und Angeln, aber das ist nur ein kleiner Teil der Möglichkeiten, die das Land zu bieten hat. Verpassen sollte man keinesfalls einen Bootsausflug zur Isle of May, um Puffins (Papageitaucher) zu beobachten – meine absoluten Lieblingsvögel. An der Westküste wiederum wird Wal-, Delfin- und Seerobbenbeobachtung angeboten – von Unternehmungen für Abenteuerlustige wie Wildwasser-Rafting, Canyoning oder Coasteering ganz zu schweigen.

Aber ich bin ja auch wegen der Kultur gekommen. Wie schaffe ich es bloß, die ganzen Schlösser und Burgen zu besuchen, die alle Schottlands Geschichte so spannend erzählen? Ich muss mich für diesmal auf die einst riesige St Andrews Cathedral, Blair Castle mit den Atholl Highlanders und das Dunrobin Castle mit seiner prächtigen Gartenanlage beschränken.

Meine letzten beiden Nächte verbringe ich im zauberhaften B & B Druimgrianach am Loch Linnhe. Die schottische Besitzerin Bridget spricht feines Englisch, was sie jedoch sehr bedauert, denn sie würde gerne den schottischen Dialekt beherrschen. Vom Garten aus ist eine Wiese zu sehen, auf der Highland-Rinder und Schafe friedlich nebeneinander grasen. Der Blick geht weiter zum See und den Bergen, hinter denen langsam die Sonne versinkt und ihre Strahlen auf den See wirft. Das ist Schottland.

liegen, gibt es viel Meer drumherum – mit jeder Menge Fisch und anderen Meerestieren darin.

Gestärkt mache ich mich auf nach Norden. Mein Herz schlägt höher angesichts der unglaublichen Ausblicke über Seen und Wälder. Unzählige Schafe grasen friedlich auf den Hügeln – und überqueren auch schon mal die Straße, ohne nach rechts oder links zu blicken. Völlig unbekümmert tummeln sich Moorhühner und rote Eichhörnchen auf den schmalen einspurigen Straßen.

Ich durchquere die Speyside, in der der *Angels' Share* (Anteil der Engel) in der Luft liegt. Er entweicht den Whiskyfässern im Lauf der langen Lagerung und lädt die Besucher ein zu einem Halt in einer der vielen hübsch gelegenen Destillerien.

Verwöhnt von Whisky, einem üppigen Scottish Breakfast und anderen kulinarischen Köstlichkeiten, die die schottische Küche wider Erwarten zu bieten hat, ruft mich jetzt die Natur zu allerlei Aktivitäten.

Reisebarometer

Schottlands wundervolle Natur lädt zum Entspannen ein. Die Städte und Dörfer, Schlösser und Burgen spiegeln die wechselvolle Geschichte wider. Eigenheiten wie Highland Games, Whisky oder Cèilidh bringen den Besuchern das Land näher.

Abwechslungsreiche Landschaft
Schimmernde Lochs, beeindruckende Berge, viel Natur

Kunst und Kultur
Interessante Museen, Festivals, Musikleben

Kulinarische Vielfalt
Von einfacher schottischer Küche bis zu Gastro-Highlights

Spaß und Abwechslung für Kinder
Fahrt mit dem Hogwarts-Express, Adventure Golf Island in Fife, Kinderspaß am Loch Insh

Shoppingangebot
Einkaufsgenuss in Glasgow, heimische Produkte überall

Abenteuerlust und Entdeckergeist
Sich an Klippen entlanghangeln auf Raasay, Wildwasserrafting im Cairngorms National Park, Walbeobachtung

Sportliche Aktivitäten
Radeln in den Highlands, Golf mit Meerblick, Coasteering

Geeignet für Wanderurlaub
Kurze oder lange Touren durch eine grandiose Landschaft

Preis-Leistungs-Verhältnis
Nicht billig, aber man erhält auch einiges dafür

Pittoreske Dörfer
Weiße Häuser, geschmiegt an Lochs und imposante Berge

● = gut   ●●●●●● = übertrifft alle Erwartungen

50 Dinge, die Sie …

Hier wird entdeckt, probiert, gestaunt, Urlaubserinnerungen werden gesammelt und Fettnäpfe clever umgangen. Diese Tipps machen Lust auf mehr und lassen Sie die ganz typischen Seiten erleben. Viel Spaß dabei!

… erleben sollten

(1) Shoppingmuffel, aufgepasst! Auch wenn Sie gar nichts kaufen möchten: Ein Gang durch das 1895 eröffnete Kaufhaus Jenners [c3] in der Princes Street in Edinburgh fasziniert in jeder Hinsicht, nicht nur, weil es ein architektonisches Kleinod ist, das unter Denkmalschutz steht (www.houseoffraser.co.uk).

(2) Proms in the Park Am 2. Samstag im September lädt die »Last Night of the Proms« zu einem Musikspektakel auch in Glasgow [D8] ein. Um nicht als ignoranter Tourist aufzufallen, sollte man die Texte von »Rule Britannia« und »God save the Queen« vorher auswendig lernen, um mit einstimmen zu können (www.bbc.co.uk/proms).

(3) Golf spielen Anders als hierzulande darf in Schottland jeder sogar auf feinstem Rasen sein Glück versuchen, den Golfball in allen 18 Löchern zu versenken. Probieren Sie es auf dem Pitlochry Putting Green [D7] (www.pitlochrygolf.co.uk).

(4) Coastering Sie wollen eine zerklüftete Küste nicht nur von oben oder vom Boot aus betrachten, sondern sich an den Felsen entlang-hangeln, in die Fluten springen und in Höhlen und Wasserzuflüsse schwimmen? Vertical Descents [B7] bietet Coasteering-Touren von Oban aus an (www.verticaldescents.com).

(5) Langer Weg zum Bier 29 km zu Fuß, um sich ein kühles Bier zu gönnen? Um zum Old Forge Pub auf der Halbinsel Knoydart [B6] zu kommen, nimmt man gern eine Tageswanderung auf sich. Straßen führen ja ohnehin nicht hin. Fußlahme können natürlich auch die Fähre von Mallaig nehmen (Inverie, Knoydart, www.theoldforge.co.uk, Mi geschl.).

(6) Auf dem Rücken der Pferde Über Strände galoppieren, durch die Moorheide reiten oder gar mit seinem Pferdchen ein Bad in einem der vielen Lochs nehmen – Highlands Unbridled [D4] bietet herrliche Reiturlaube, etwa den 7-tägigen Coast to Coast Trail Ride (all inclusive ab £ 1290; Brora, Sutherland, http://highlandsunbridled.co.uk).

(7) Das Tanzbein schwingen Cèilidh Events laden im ganzen Land zum Tanzen ein, und jeder kann mitmachen. Der traditionelle schottische Tanz ist schnell erlernt, etwa auf dem Feis an Eilein Festival › S. 130 in Portree auf Skye.

8 Tour nach St Kilda Schroff ragen spitze Felsnadeln aus dem Meer, Zehntausende Seevögel schwirren durch die Luft. An Land: Spuren von 2000 Jahren Siedlungsgeschichte. Die kleine Inselgruppe St Kilda › S. 130 weit draußen im Atlantik ist kombiniertes UNESCO-Welterbe für Kultur und Natur – und die dreistündige Anfahrt durch oft raue See unbedingt wert (www.kilda.org.uk).

9 Entspannter Sport Etwas Spannendes erleben, ohne sich dabei zu sehr zu verausgaben? Tontaubenschießen! In wunderbarer Natur können sich selbst Anfänger darin versuchen, die flachen Scheiben in der Luft zu treffen. U. a. wird das Shooting in Aberfeldy [D7] angeboten (www.scottishclayshoot.com).

10 Höhlenerkundung Drei Kammern hat die Smoo Cave › S. 139 nahe Durness in den Highlands; die letzte erreicht man nur per Boot – am Wasserfall vorbei über den unterirdischen See. Das Innere der Höhle ist mit Flutlicht beleuchtet (www.smoocave.org).

… probieren sollten

11 Porridge und Whisky Der wahre Schotte schwört auf einen Schluck »Wasser des Lebens« im Porridge. Probieren kann man die Köstlichkeit zum Frühstück im Claymore Guest House [D7] (162 Atholl Road, Pitlochry, PH16 5AR, (www.claymorehotel.com).

Als Wasserfall stürzt der Bach Allt Smoo in die zweite Kammer der Smoo Cave

12 Wild vom Loch Lomond Was beim immer im September stattfindenden Loch Lomond Food and Drink Festival [C8] in Balloch serviert wird, sind unübertroffene lokale Spezialitäten – Hirschsteak oder -burger direkt aus dem Loch Lomond National Park (www.lochlomondfoodanddrinkfestival.co.uk).

13 Scottish Tablet Das nicht ganz harte süßliche Konfekt wird aus Zucker, Kondensmilch und Butter hergestellt, dazu enthält es Vanille oder Whisky, man kann es aber auch mit Haselnüssen bekommen. Das feine Fudge House [d3] auf Edinburghs Royal Mile verführt zu feinstem Scottish Tablet (197 Canongate).

14 Cullen Skink Geräucherter Kabeljau oder Schellfisch verleiht dieser cremigen Fischsuppe ihren unverwechselbaren Geschmack, Kartoffeln und Zwiebeln sorgen für die richtige Konsistenz. Das Tolbooth Restaurant › S. 100 in Stonehaven lädt zum Probieren ein.

(15) **Schottisches Bier** Über 300 verschiedene Biere werden in mehr als 70 schottischen Mikrobrauereien gebraut, und meist ist der Brauerei auch ein gemütlicher Pub angeschlossen. Im Moulin Inn & Brewery › S. 103 in Pitlochry etwa läuft das Brave Heart Ale frisch aus dem Zapfhahn.

(16) **Schottisches Eis** In Schottland ist es zwar nicht so heiß wie in Italien, ein leckeres Eis (Erdbeere und Schoko, hmmm!) aus Jannettas Gelateria [E7] in St Andrews sollte man sich aber trotzdem gönnen (31 South St., www.jannettas.co.uk).

(17) **Fish & Chips** Die fettige Mischung aus frittiertem Kabeljaufilet und dicken Pommes ist ein kulinarisches Muss. In der Fisherman's Tavern › S. 102 in Dundee gehört das Gericht zu den Klassikern.

(18) **Irn-Bru** Der koffeinhaltige Softdrink, der durch seine orange Farbe besticht, ist neben Whisky auch ein Nationalgetränk. Irn-Bru wird in Schottland genauso gern wie Cola getrunken und ist überall erhältlich (www.irn-bru.co.uk).

(19) **Arbroath Smokie** Diese Spezialität aus Arbroath in Angus, in Salz eingelegter und heiß geräucherter Schellfisch, entstand der Legende nach, als einmal Fässer mit eingesalzenem Fisch Feuer fingen. Man bekommt sie in vielen Lokalen in Arbroath, z. B. im Harbourside Bar & Grill [E7] (61 Ladybridge Street, www.harboursidegrill.co.uk).

... bestaunen sollten

(20) **Brodick Castle** Die Bilderbuchburg [B9] auf Arran ist von Glasgow aus leicht zu erreichen. Und wenn Sie schon mal auf der der Insel sind, dann sehen Sie sich noch weiter um: Arran ist wie ganz Schottland im Kleinformat (www.visitarran.com).

(21) **Sherlock-Holmes-Statue** Die Pfeife in der Hand, steht der Meisterdetektiv sinnend am Picardy Place [c2] nahe Calton Hill in Edinburgh und löst wahrscheinlich gerade wieder einen kniffligen Fall. Die Statue wurde zu Ehren seines 1859 in Edinburgh geborenen Schöpfers Sir Arthur Conan Doyle errichtet.

(22) **Whaligoe Steps** 330 in die Klippen gehauene Stufen mussten die Fischer ihren Heringsfang vom versteckten Hafen Whaligoe hochtragen. Er ist nicht mehr in Betrieb, aber der Blick auf Stufen und Steilküste vom Whaligoe Steps Cafe [E3] südlich von Wick ist den Abstecher wert (www.whaligoesteps.co.uk).

(23) **Titan Clydebank** Der 1907 in Clydebank westlich von Glasgow erbaute 46 m hohe Kran [C8] war einst der Superlativ im Schiffsbau am River Clyde. Renoviert bietet er heute Besuchern ein grandioses Panorama, bei klarem Wetter bis Glasgow (www.titanclydebank.com).

(24) **Loch Lomond aus der Vogelperspektive** Den ausgedehnten See › S. 71 mit seinen – je nach Wasser-

stand – 30 bis 60 Inseln vom Flugzeug aus zu sehen ist immer etwas Besonderes (40 Min. ab £ 103, www.lochlomondseaplanes.com).

(25) Skara Brae Dass schon in der Steinzeit Reihenhäuser mit gleichem Grundriss gebaut wurden, beweist die rund 5000 Jahre alte prähistorische Siedlung auf den Orkney-Inseln › S. 141. Die Anlage in spektakulärer Lage an der rauen Atlantikküste gibt hochinteressante Einblicke in die Wohnkultur prähistorischer Zeiten.

(26) Falkirk Wheel Das drehende Schiffshebewerk [D8], das den Forth & Clyde Canal mit dem 35 m höher gelegenen Union Canal verbindet, wirkt fast wie ein Riesenrad. Auch wenn man nicht selbst im Boot sitzt, ist der Anblick faszinierend (www.scottishcanals.co.uk/falkirk-wheel).

(27) Machrie Moor Stone Circles Etwas versteckt sind die Steinkreise [B9] aus der frühen Bronzezeit nahe der Westküste auf der Insel Arran, was die mystische Atmosphäre eher noch verstärkt. Stellen Sie sich in die Mitte. Spüren Sie die Energielinien? Ein 1,5 km langer Fußweg von der Küstenstraße führt hin (www.historicenvironment.scot).

(28) Explorers Garden in Pitlochry *Plant Hunters,* Pflanzenjäger, haben die verschiedensten Pflanzen aus aller Welt nach Schottland gebracht, teilweise unter großen Gefahren. Ihnen ist der kleine, aber sehr feine Garten am Festival Theatre [D7] gewidmet (Port-Na-Craig, Pitlochry, www.explorersgarden.com).

(29) Enchanted Forest Im Oktober erstrahlt der Faskally Wood nahe Pitlochry [D7] in wunderbaren Farben, untermalt von eigens komponierter Musik (www.enchanted forest.org.uk).

(30) Fütterung der Roten Milane Zuschauen kann man auf der Farm Argaty Red Kites [D8] in der Nähe von Stirling. Nachdem sie hautnah bei den Zuschauern ihr leckeres Futter verspeist haben, imponieren sie noch mit Flugkunststücken (www.argatyredkites.co.uk).

(31) Forth Side Railway Bridge Schon in Hitchcocks Film »Die 39 Stufen« ist die eindruckvolle, rot gestrichene Brücke [D/E8] über den Firth of Forth zu sehen, die Edinburgh mit Fife verbindet. Vom kleinen Hafen in South Queensferry am Südufer hat man unverstellte Sicht.

Wie ein futuristisches Riesenrad schaufelt das Falkirk Wheel die Boote in luftige Höhen

Schals aus schottischer Wolle halten warm

... mit nach Hause nehmen sollten

(32) Uisge-beatha-Sortiment Wer sich nicht für eine Whiskysorte entscheiden kann, nimmt ein Set aus verschiedenen Regionen in 5-cl-Fläschchen mit nach Hause. In vielen Souvenirshops erhältlich.

(33) T-Shirt mit Andreaskreuz Das Unabhängigkeitsvotum ist gescheitert, und auch ausländische Schottlandfans trauern. Über die schwere Zeit hilft ein T-Shirt mit der Nationalflagge Schottlands hinweg: weißes Kreuz auf blauem Grund. The Edinburgh Kiltmakers [c4] auf dem Grassmarket unterhalb des Schlosses haben ein reichhaltiges Angebot.

(34) Teetasse Nach dem (unerlässlichen) Besuch der von Charles Rennie Mackintosh gestalteten Willow Tea Rooms › S. 67 in Glasgow gibt's im angeschlossenen Laden wunderschöne Tassen zu kaufen, die auch zu Hause noch bei jeder Tasse Tee an den berühmten Designer erinnern.

(35) Die Clans zum Abtrocknen Wer ein Geschirrhandtuch mit der schottischen Landkarte und der Einteilung in die verschiedenen Clans mit nach Hause nimmt, hat schon den Grundstein für den nächsten Besuch gelegt. Der Souvenirshop am Inverewe Garden › S. 136 bietet eine schöne Auswahl an Geschirrtüchern verschiedenster Motive.

(36) Nessi für zu Hause Leider ist trotz beharrlichen Starrens auf Loch Ness das Ungeheuer auch diesmal nicht zum Auftauchen zu bewegen gewesen. Ein Nessie-Souvenir aus dem Shop im Loch Ness Centre & Exhibition › S. 146 lindert den Frust.

(37) Parfüms vom Ende der Welt Schottlands einziger Parfümhersteller [B4] hat in der Einsamkeit von Wester Ross am Loch Ewe seinen Sitz. Nehmen Sie den Duft der Highlands in konzentrierter Form mit nach Hause, etwa mit dem Gael Song Highland Perfume (£ 24,10; Mellon Charles, Wester Ross, www.perfume-studio.com).

(38) Wollschal mit Tartanmuster Über sechs Millionen schottische Schafe helfen über die kalten Winter hinweg. Das Angebot an Wollsachen im Land ist unerschöpflich, u. a. werden Sie fündig im Caledonian Gifts and Souvenirs Shop [D5] in der Church Street in Inverness.

(39) Keltischen Schmuck Selbst wenn man die Sprache nicht versteht, sollte man sich eines der schönen Schmückstücke der Kelten mit nach Hause nehmen, z.B. einen silbernen Morven-Ring (ab £ 61) aus dem umfangreichen Angebot der Hebridean Jewellery [A5] auf South Uist (Iochdar, HS8 5QX, www.hebrideanjewellery.co.uk).

40 Eigenes Foto vom Papageitaucher An Schottlands netteste Vögel erinnert man sich gern. The Highland Council [C3] bietet geführte Wanderungen von Durness zum Faraid Head an der Küste an, wo man die Puffins beobachten und fotografieren kann (www.outdoorhighlands.co.uk/events).

41 Lemon Curd Die köstliche Zitronencreme des 1938 gegründeten Unternehmens Mackays bekommen Sie in vielen Geschäften; probieren können Sie sie auch im Mackays Visitor Shop [E7] in Arbroath (James Chalmers Rd., www.mackays.com).

42 Die Nationalhymne am Kühlschrank Dudelsack-Kühlschrankmagnete gibt es in vielen Tartanmustern u.a. auf dem Lawnmarket in Edinburgh im Heritage of Scotland Shop [c4]. Ein kleiner Druck auf den Mini-Dudelsack, und schon fühlt man sich wieder wie in Schottland.

… bleiben lassen sollten

43 Als Tourist Kilt tragen Lassen Sie es lieber bleiben. Schottische Herren tragen ihre Kilts nur zu besonderen Anlässen wie Hochzeiten, Taufen oder Beerdigungen.

44 Drängeln Wie im Rest Großbritanniens gehört *Queuing* auch in Schottland zum guten Benehmen. Reihen Sie sich in die Schlange ein, bis Sie dran sind.

45 Sich über Dudelsacklärm beschweren Auch wenn Dudelsackspieler noch nachts in die Pfeifen blasen – sie sind ein Nationalgut, das Besucher akzeptieren müssen.

46 Zeige- und Mittelfinger erheben Zwei Bier? Bitte nicht mit erhobenem Zeige- und Mittelfinger anzeigen. Diese Geste gilt in ganz Großbritannien als extrem unhöflich und beleidigend.

47 Müll zurücklassen In Schottland ist wildes Campen in freier Natur erlaubt, doch ist stets darauf zu achten, keinerlei Müll oder Überreste von Feuerstellen zu hinterlassen.

48 Überteuerte Souvenirs Gerade in Edinburgh, aber auch anderswo langen Souvenirverkäufer teils kräftig zu. Achten Sie auf ein angemessenes Preis-Leistungs-Verhältnis.

49 Sonntags angeln Zumindest nicht Lachs oder Forelle – sonntags diese Fische aus dem Wasser zu ziehen ist verboten (www.fishpal.com).

50 Doggie Bag verlangen Auch wenn man sein köstliches Mahl im feinen Restaurant einfach nicht geschafft hat: Der Wunsch, die leckeren Reste in ein Tütchen für zu Hause einpacken zu lassen, wird auf Stirnrunzeln stoßen.

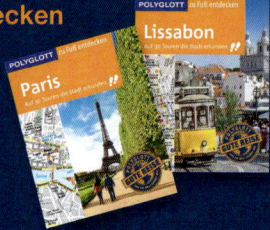
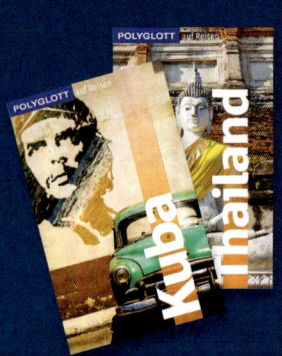

Was steckt dahinter?

Die kleinen Geheimnisse sind oftmals die spannendsten. Wir erzählen die Geschichten hinter den Kulissen und lüften für Sie den Vorhang.

Was trägt der Schotte unter dem Kilt?

Jeder wahre Schotte wird die Frage mit »die Zukunft der Nation« beantworten – nur ist das nicht ganz das, was wir wissen wollen. Die Scottish Tartans Authority möchte, dass die Männer eine Unterhose unter dem nationalen Kleidungsstück tragen, und findet das Statement »Der wahre Schotte trägt nichts unter dem Kilt« sowohl »kindisch« als auch »unhygienisch«. Einige populäre Schotten wehren sich allerdings gegen einen solche Vorschrift. So ist man als Besucher dann meist genauso schlau wie vorher.

Warum gelten die Schotten als geizig?

Der Geiz der Schotten ist ein anscheinend unausrottbares Klischee. Sehr wahrscheinlich stammt es aus einer Zeit, als vor allem die ländliche Bevölkerung von Armut und Hunger bedroht war und sehr sparsam mit den Erträgen umgehen musste.

In Schottland selbst wird jedoch schnell klar, dass die Schotten eher großzügig und sehr gastfreundlich sind. Sie haben sich so weit von ihrem Klischee entfernt, dass sie inzwischen Witze über sich selbst machen können. Und sie spenden mehr pro Kopf für wohltätige Zwecke als die Bürger vieler anderer Regionen im Vereinigten Königreich.

Warum spuckt man auf das Heart of Midlothian in Edinburgh?

Das in die Straße eingepflasterte Herz nahe dem Eingang zur High Kirk of St Giles › **S. 58** markiert den ehemaligen Standort der Tolbooth, dem Verwaltungszentrum der Stadt im 15. Jh., in dem auch das Gefängnis war. Kriminelle sollen zur damaligen Zeit im Vorbeigehen auf das Herz gespuckt haben, um nicht im Kerker zu landen. Noch heute ist es der einzige Ort in Edinburgh, wo man auf die Straße spucken darf – es soll Glück bringen.

Was macht eine riesige Ananas in Schottland?

»The Dunmore Pineapple« [D8] nahe Airth in der Region Falkirk mit seiner 15 m hohen ananasförmigen Kuppel zählt zu Schottlands bekanntesten Staffagen. Der 4. Earl of Dunmore gab 1777 den Bau in Auftrag, nachdem er aus den amerikanischen Kolonien zurückgekehrt war. Dort galt die tropische Frucht als Wilkommensgruß: Plantagenbesitzer aus der Karibik, die Häuser in New York und Neuengland unterhielten, ließen sie am Eingang platzieren, um zu zeigen, dass sie zu Hause waren und Gäste empfangen konnten. So ließ auch der extravagante Earl deutlich wissen, dass er wieder in Schottland war. Heute befinden sich in dem Gebäude Ferienwohnungen.

George Square in Glasgow mit den City Chambers und der Statue von Sir Walter Scott

REISE-PLANUNG & ADRESSEN

Die Reiseregion im Überblick

Die Hauptstadt Edinburgh und die pulsierende Metropole Glasgow bilden das Zentrum Schottlands.

In **Edinburgh,** auch das Athen des Nordens genannt, spiegelt sich die wechselvolle Geschichte Schottlands sehr deutlich wider. Die Old Town mit ihren schmalen Häusern und den engen Durch- und Ausblicken lässt die Vergangenheit lebendig werden. Von der wirtschaftlichen Vormachtstellung zeugen die prächtigen Häuser in der New Town. In Edinburgh befindet sich auch das schottische Parlament.

Glasgow hat sich von einem hässlichen Industriezentrum zur Künstler- und Avangardemetropole gewandelt, zudem gilt die Stadt als Shoppingparadies und lädt mit ihren Restaurants, Bars, Cafés und Parks zu einem abwechslungsreichen Verweilen ein.

Sanfte Hügel und grüne Weideflächen kennzeichnen den **Süden,** auch Lowlands genannt, trotz seiner hügeligen Landschaft. Besonders sehenswert sind die imposanten Abteiruinen, die von der religiösen Bedeutung der Borders-Region zeugen. Auch die mächtigen Burgen, die von den jahrhundertelangen Auseinandersetzungen mit den Engländern Zeugnis ablegen, beeindrucken. Radfahrer und Wanderer genießen hier ein Naturparadies.

Der **Osten** mit seiner Metropole Aberdeen steht für die wirschaftliche Macht Schottlands, ist aber auch ein großartiges Reiseziel für Freunde von Golf, Whisky, Burgen und Schlössern. Naturfreunde kommen hier beim Wandern, Angeln oder bei der Tierbeobachtung ebenfalls auf ihre Kosten.

Für unzählige Seen mit glasklarem Wasser, imposante Felsmationen, aber auch für prächtige Park- und Gartenanlagen steht der **Westen** Schottlands. Zudem laden

---

Daran gedacht?

....

Einfach abhaken und entspannt abreisen

- [ ] **Reisepass / Personalausweis**
- [ ] **Flugtickets**
- [ ] **Führerschein** (Leihwagen)
- [ ] **Sitter für Pflanzen und Tiere organisiert**
- [ ] **Zeitungsabo umleiten / abbestellen**
- [ ] **Postvertretung organisieren**
- [ ] **Fenster schließen, Hauptwasserhahn abdrehen, Herd überprüfen**
- [ ] **Wanderschuhe, regenfeste Kleidung, Fernglas und Fotoapparat mitnehmen**
- [ ] **Kreditkarte einstecken**
- [ ] **Medikamente einpacken**
- [ ] **Stromadapter (UK 3-polig), Ladegeräte und Navi**
- [ ] **Etwas Platz im Koffer für Mitbringsel lassen**

einsame Inseln für einen erholsamen Urlaub in wundervoller Natur ein. Hier darf aber auch Golf gespielt und Whisky probiert werden, und wer eines der letzten Paradiese Europas sucht, findet es zweifellos auf den Hebrideninseln.

Die **Highlands & Islands** ziehen den Besucher wegen der rauen Schönheit der Berge, der blühenden Heidelandschaften, der unendlichen Weite und der hübschen Dörfer an. Das keltische Erbe wird hier wieder lebendig, und türkisfarbenes Meer und einsame Strände runden das Bild einer wunderschönen Naturlandschaft ab.

Klima & Reisezeit

Das schottische Klima zeigt sich dank der Ausläufer des warmen Golfstroms im Westen atlantisch mild mit hohen Niederschlagsmengen und relativ geringen Temperaturschwankungen.

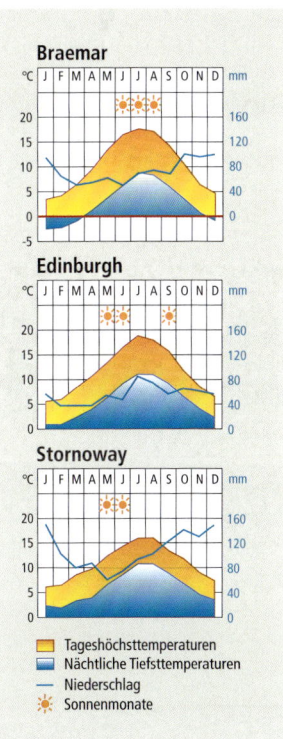

Hier wird es im Winter nicht so kalt, dafür aber im Sommer auch nicht so warm wie im Osten an der Nordseeküste, wo die Bedingungen insgesamt rauer sind, dafür aber seltener Niederschläge fallen. In den Highlands wiederum kann es im Winter bitterkalt werden, starke Schneefälle sind dort nicht selten.

Die wenigsten Regentage verzeichnet die Gegend um die Hauptstadt Edinburgh – hier fallen durchschnittlich an 175 Tagen im Jahr Niederschläge. Am häufigsten regnet es auf Äußeren Hebriden, hier sind es etwa 250 Regentage pro Jahr. Mit einem raschen Wetterwechsel muss man jederzeit in Schottland rechnen. Die Regenstatistik täuscht allerdings darüber hinweg, dass beispielsweise auf den Hebriden kaum ein Tag völlig verregnet ist. Die Insel Tiree, die zu den Inneren Hebriden gehört, darf sich sogar rühmen, im Durchschnitt ebenso viele Sonnenstunden wie London zu haben.

Die Hauptreisesaison liegt im Sommer zwischen Mitte Juni und Mitte September, wenn die Tagestemperaturen öfter einmal 20 °C deutlich übersteigen. Die Zeit von Mitte Mai bis Mitte Juni und Ende September/Anfang Oktober ist ruhiger, im Nordwesten ist der Frühherbst oft die angenehmste und schönste Jahreszeit.

An den gesetzlichen Feiertagen › S. 153 und während der Schulferien herrscht viel Verkehr auf den Straßen Schottlands, und viele Hotels sind belegt. Besonders im August sollte man sich rechtzeitig um Unterkünfte kümmern und im Voraus buchen. Die Schulferien dauern meist von Anfang Juli bis Mitte August.

Anreise

Mit dem Flugzeug

EasyJet fliegt von Berlin (Schönefeld) und Genf nach Edinburgh und Glasgow, von Hamburg, München, Stuttgart und Basel nach Edinburgh und von Genf nach Aberdeen; **Ryanair** von Bremen, Düsseldorf (Weeze), und Frankfurt (Hahn) nach Edinburgh und von Berlin (Schönefeld) nach Glasgow; **Eurowings** von Düsseldorf und Köln/Bonn nach Glasgow und von Köln/Bonn nach Edinburgh; **Lufthansa** von Düsseldorf nach Glasgow und von Frankfurt nach Aberdeen; **Jet2** von Genf, Salzburg und Wien nach Glasgow und Edinburgh; **BA** von Salzburg nach Glasgow; **Edelweiss** von Zürich nach Edinburgh.

Mit der Autofähre auf die Britischen Inseln

Mit Pkw und Fähre

Die meisten Urlauber vom europäischen Festland reisen mit dem eigenen Auto an und benutzen die **Fähren** nach England. Die kürzesten und billigsten Fährverbindungen gehen von Calais bzw. Dunkerque nach Dover; alternativ kann man auch den **Eurotunnel** von Calais nach Folkestone benutzen. Anschließend fährt man allerdings noch recht weit nach Schottland; von Dover nach Edinburgh sind es fast 800 km.

Wer morgens mit der Nachtfähre der **P&O Ferries Ltd.** (www.poferries.com) aus Rotterdam bzw. Zeebrügge in Hull ankommt, kann nachmittags in den Highlands sein – als Auto- wie als Bahnreisender. Zwischen IJmuiden (Amsterdam) und New-castle fahren täglich Fähren von **DFDS Seaways** (Tel. 040/3 89 03 71; www. dfdsseaways.de).

Infos zu allen **Fährverbindungen** gibt es unter www.directferries.de; Infos zum **Eurotunnel** unter Tel. 01805/000 248, www.eurotunnel.com.

Mit dem Fernbus

Nach London gelangt man von mehreren deutschen Städten mit Bussen von **Eurolines** (Tel. 06196/2 07 85 01, www.eurolines.de). Von London nach Schottland geht es weiter mit den Linienbussen von **National Express** (www. nationalexpress.com) oder Megabus (http://uk.megabus.com). Diese fahren drei- bis siebenmal täglich ab London in 8–9 Stunden nach Edinburgh bzw. Glasgow.

Reisen im Land

Mit dem Auto

In Großbritannien wird links gefahren, man gewöhnt sich aber schnell an die Umstellung. Autofahrer haben im Kreisverkehr Vorfahrt, bei allen ande-ren Straßen geben Schilder die Regelung an. Gerade in Schottland, wo es viele einspurige Straßen mit Ausweichstellen gibt, sollte man vorsichtig fah-ren, glücklicherweise sind die Einheimischen am Steuer eher gelassen.

Folgende Tempolimits gelten in Großbritannien: In geschlossenen Ort-schaften 30 Meilen (48 km/h), auf einspurigen Landstraßen 60 Meilen (97 km/h) und auf mehrspurigen Landstraßen sowie auf Autobahnen 70 Meilen (112 km/h). Für Autos mit Wohnwagenanhängern gilt: In ge-schlossenen Ortschaften 30 Meilen (48 km/h), auf einspurigen Landstraßen 50 Meilen (80 km/h) und auf mehrspurigen Landstraßen sowie auf Auto-bahnen 60 Meilen (97 km/h). Alle Fahrzeuginsassen müssen den Sicher-heitsgurt anlegen, die Promillegrenze liegt bei 0,5.

Mietwagenfirmen verlangen den nationalen Führerschein und Ausweis; bei manchen Anbietern gelten Altersbegrenzungen zwischen 20 und 70 Jah-ren, größere Fahrzeuge darf man erst ab 25 Jahren mieten. Für die Kaution braucht man eine Kreditkarte, mit der der Wagen auch bezahlt werden kann.

Mit öffentlichen Verkehrmitteln

Das Land hat spektakuläre Eisenbahnstrecken zu bieten (z. B. die West Highland Line von Glasgow über Fort William nach Mallaig). In den hohen Norden führt die Strecke von Inverness nach Wick bzw. Thurso. Allgemein reist es sich in Schottland per Eisenbahn recht angenehm.

Die **Busverbindungen** in ländlichen Gebieten sind leider ausgedünnt worden; manche Ortschaft ist per Bus nur einmal am Tag zu erreichen, an Sonn- und Feiertagen gar nicht. Die Busse von **Scottish Citylink** (www.citylink.co. uk) decken die großen Städte, aber auch touristisch interessante Orte wie Oban oder die Isle of Skye ab.

Das Eisenbahnunternehmen **ScotRail** (www.scotrail.co.uk) und Scottish Citylink bieten Touristenpässe an, mit denen sich viel Geld gegenüber Einzeltickets sparen lässt.

Mit dem **Freedom of Scotland Travelpass** kann man Bahn, Busse und Fähren benutzen. Der Pass gilt Mo–Fr ab 9.15 Uhr, am Wochenende zeitlich unbeschränkt. Er kann online unter www.britrail.com oder an Bahnhöfen vor Ort gekauft werden. Der 4-Tage-Pass (142 £) muss innerhalb von 8, der 8-Tage-Pass (181 £) innerhalb von 15 Tagen verbraucht werden. Über alle Verkehrsverbindungen in Schottland informiert: www.traveline scotland.com.

Mit der Fähre

Praktisch alle Fährverbindungen der Westküste, die meist recht teuer sind, betreibt **Caledonian MacBrayne**, kurz CalMac genannt. Über das Internet kann man unter www.calmac.co.uk den sehr informativen Fahrplan und Reiseführer kostenlos bestellen. Anfragen und Buchungen per E-Mail unter enquiries@calmac.co.uk oder telefonisch unter +44 (0) 800/066 5000. Buchungen können auch online durchgeführt werden.

Mit dem Fahrrad

Abseits der großen Hauptverkehrsadern bieten sich Radfahrern schmale Fahrwege mit erstaunlich gutem Straßenbelag an. Abgesehen von einem gelegentlichen Einheimischen in Eile und den schweren LKW ist man auf diesen Straßen oft allein – aber nicht vergessen: Linksverkehr!

Sport & Aktivitäten

Die unberührte Natur Schottlands erlebt man am intensivsten bei Outdoor-Aktivitäten, die von schottischen Veranstaltern angeboten werden.

Neben Wandern, Radfahren und Golfen sind auch Mountainbiking, Segeln, Kajakfahren und Fischen beliebte Betätigungen.

Activities in Scotland stellt unterschiedliche (Extrem-)Sportarten vor: www.visitscotland.com/see-do/activities. **Activity Scotland Association** ist die Dachorganisation vieler qualifizierter Anbieter von Aktiv- und Abenteuerprogrammen: www.activity-scotland.org.uk.

Wanderer unterwegs zum Quiraing auf der Insel Skye

Wandern

Schottland eignet sich für kurze Spaziergänge ebenso wie für ausgedehnte Wanderungen in den Bergen und Tälern oder an den lang gezogenen, traumhaften Stränden sowie für längere Wanderferien. Über die Webseite von VisitScotland › **S. 153** kann die informative Wanderbroschüre **Walk In Scotland** heruntergeladen werden: www.visitscotland.com/see-do/active/walking.

Der wohl bekannteste Fernwanderweg ist der **West Highland Way**, der sich vom Glasgower Stadtrand durch Westschottland bis nach Fort William in den Highlands erstreckt (www.west-highland-way.co.uk). Um die Wanderung zu erleichtern, wird vielfach ein Gepäcktransport angeboten.

Golf

Schottland ist die Heimat des Golfsports, der hier auch preiswert zu betreiben ist. Insgesamt zählt das Land 578 Plätze, die vielfach auch Nichtmitgliedern zugänglich sind – außer man besteht darauf, auf einer der berühmten Anlagen von St Andrews, Troon oder Carnoustie zu spielen. Enthusiasten sollten es einmal mit Nairn, Machrihanish oder gar Royal Dornoch versuchen. In den Lowlands und an der Ostküste sind Golfplätze sehr dicht gesät.

Golffreunde finden auf der Webseite von VisitScotland alle nötigen Informationen für ihren Sport. Die ausführliche Broschüre **Golf in Scotland** steht auf der Webseite zum Download bereit: www.visitscotland.com/see-do/active/golf.

Unterwegs mit Kindern

Schottland ist ein gutes Reiseland für Familien, die Schotten sind ausgesprochen kinderfreundlich. Bei allen Sehenswürdigkeiten gibt es Kinderermäßigungen, meist bis zur Vollendung des 15. Lebensjahres. Kinder bis 5 Jahre erhalten oftmals freien Eintritt. Viele Museen sind mit interaktiven Spielen auf die Bedürfnisse von Kindern zugeschnitten. Leider gibt es Erklärungen bisher meist nur auf Englisch. In den VisitScotland Information Centres liegen Broschüren mit kinderspezifischen Attraktionen aus.

Fast alle Restaurants stellen Kinderstühle zur Verfügung und bieten spezielle Kindermenüs bzw. -teller. In B & Bs, Hotels und anderen Unterkünften werden für kleinere Kinder der Betten bereitgestellt, größere Kinder schlafen im Zimmer der Eltern gegen Aufpreis, vielfach werden zudem Familienzimmer angeboten.

Öffentlicher Verkehr

Kinder bis 15 Jahre fahren außerhalb der Stoßzeiten zusammen mit den Eltern kostenlos Bahn, sofern sie ein entsprechendes Ticket erwerben (www.scotrail.co.uk). In den Bussen von Scottish Citylink erhalten Kinder von 5–15 Jahren bis zu 30 % Rabatt, Kleinkinder fahren kostenlos, sofern sie keinen eigenen Sitz benötigen (www.citylink.co.uk/children.php). Bei Sightseeing-Touren bezahlen Kinder von 5–15 Jahren meist die Hälfte.

Spaß mit Tieren

Viel Spaß verspricht der als gelungene Anlage gepriesene **Edinburgh Zoo** › S. 61 mit seinen über 180 Tierarten. Besonders beliebt ist die Pinguinparade, wenn die possierlichen Tiere ihr Gehege verlassen und frei herumspazieren dürfen.

Das **Aquarium** am Loch Lomond › S. 71 hat mit dem Hammerhai eine Attraktion im riesigen Meerwasserbecken, in dem sich auch andere exotische Fische tummeln. In der Unterwasserröhre kommt man ihnen sehr nahe. Spielplatz, Lehrwanderwege und Bootstouren sorgen für einen erlebnisreichen Tag (www. visitsealife.com/loch-lomond).

Dalscone Farm Fun unweit von Dumfries bietet eine spannende Mischung aus Bauernhof und Abenteuerspielplatz. Die Kinder lernen in Schottland heimische Tiere kennen und dürfen sie füttern und streicheln. Zudem gibt es Paddelboote, Schaukeln, Rutschen und vieles mehr.

- **Dalscone Farm Fun** [D10]
  Edinburgh Road | Dumfries | DG1 1SE
  Tel. 01387-254 445
  www.dalsconefarm.co.uk
  Indoor ganzjährig geöffnet, Outdoor
  April–Okt. Mo–Sa 9.15–17 Uhr

Outdoor für die ganze Familie

Kleine und große Harry-Potter-Fans kommen auf einer Fahrt »nach Hogwarts« mit der Dampfeisenbahn **Jacobite Steam Train** zwischen Fort William und Mallaig auf ihre Kosten. Den Glenfinnan Viaduct erkennt jeder Muggel sofort wieder.

Jedes Jahr hat der Irrgarten auf der **Cairnie Fruit Farm** in Fife ein anderes Thema und eine neue Form. Bis zu 2,5 m hoch steht der Mais im Feld, durch das ein Labyrinth geschlagen wird. Wer den Ausgang findet, hat sich die selbst gepflückten Erd- oder Johannisbeeren redlich verdient.

Der **Loch Insh** bietet gleichermaßen Spaß für Wasserratten und Wasserscheue: Segeln, Windsurfen und Kanufahren können Kinder und Erwachsene ebenso ausprobieren wie Klettern, Abseilen oder Bogenschießen.

Längs der Küste von Fife erstreckt sich der 190 km lange Fernwanderweg **The Fife Coastal Path.** Man passiert mächtige Burgen, weite Strände und genießt grandiose Ausblicke. Die Touren sind für die ganze Familie geeignet, es wurden sogar drei spezielle Kinderrouten erarbeitet (www.fifecoastalpath.co.uk).

- **Jacobite Steam Train** [B/C6]
  West Coast Railways
  Tel. 0844/850 4685
  www.westcoastrailways.co.uk
- **Cairnie Friut Farm** [E7/8]
  Cairnie | Cupar | KY15 4QD
  Tel. 01334/655 610
  www.cairniefruitfarm.co.uk
  April–1. Nov. tgl. 10–18 Uhr
- **Loch Insh** [D6]
  Kincraig | Kingussie | PH21 1NU
  Tel. 01540/651 272
  www.lochinsh.com

Viele weitere Anregungen für große und kleine Schottlandreisende bietet die Internetseite www.visitscot land.com/holidays-breaks/family

Radfahren

Besonders die Lowlands eignen sich zum Radfahren auf der Straße, Mountainbiking erfreut sich dagegen in den Highlands großer Beliebtheit. Die Website von Visit Scotland gibt ausführliche Informationen zu Fahrradtouren in allen Schwierigkeitsgraden: www.visitscotland.com/see-do/active/cycling.

Mountainbiker können sich auf eigens angelegten und (wie Skipisten grün, blau, rot, schwarz) markierten Strecken im Glentress Forest bei Peebles austoben. Allgemeine Infos zu Mountainbike-Strecken auf der Webseite der schottischen Forstbehörde: http://scotland.forestry.gov.uk/active/mountain-biking.

Wassersport

Die unzähligen Seen und die ausgedehnte Küste mit ihren vielen Fjorden laden zu Wassersportaktivitäten aller Art ein. Kanutouren oder Bootsausflüge in die grandiose Inselwelt der Westküste sind stets zu empfehlen.

Aber mit dem Element Wasser kann man noch viel mehr erleben, etwa **Canyoning** (durch Schluchten paddeln) oder **White Water Rafting** (rasante Wildwasserfahrten mit dem Schlauchboot). VisitScotland gibt auf seiner Website hilfreiche Tipps: www.visitscotland.com/see-do/active/watersports. **Kajak**-Enthusiasten können sich bei der Scottish Canoe Association über ihre Möglichkeiten informieren: www.canoescotland.org.

Auch **Segler** finden auf der Website von VisitScotland ausführliche Informationen zu allgemeinen Bestimmungen, Segelschulen und Vermietern von Segel- und Hausbooten: www.visitscotland.com/see-do/active/sailing.

Munro Bagging

»Munro Bagger« wollen nur eins: Alle 282 schottischen Berge mit einer Höhe von über 3000 Fuß (914 m) besteigen. Diese Erhebungen sind nach Sir Hugh Munro benannt, der 1891 erstmals seine »Tables of the 3,000 ft Mountains of Scotland« herausgab und darin alle »Munros« katalogisiert hat.

Der erste Bezwinger sämtlicher Munros war Archibald Eneas Robertson; in den ersten 70 Jahren des 20. Jhs. taten es ihm hundert andere nach. Obwohl diese Berge nach alpinen Maßstäben nicht hoch sind (der Ben Nevis ist mit 1344 m der höchste), bieten sie doch erhebliche Herausforderungen – einige müssen buchstäblich ab Meereshöhe erklommen werden. Dazu kommt, dass die raschen Wetterumschwünge der Highlands zur Gefahr werden können – in den letzten Jahren sind in den Cuillins auf Skye mehrmals Bergsteiger ums Leben gekommen, die nicht als leichtsinnig oder unerfahren galten.

Aber der Lohn für das Ersteigen von Bergen wie An Teallach oder Sgurr Alasdair ist eben nicht nur die atemberaubende Aussicht, die man bei klarem Wetter vom Gipfel hat, sondern auch das Erfolgserlebnis der sportlichen Leistung.

Mietkajaks am Loch Carron bei Plockton

Wahre Surf-Cracks lockt die Hebrideninsel Tiree [A7] westlich von Mull mit den meisten Sonnenstunden Schottlands und extremen Winden – auch wenn sie nicht ganz leicht zu erreichen ist (www.tiree windsurfing.com).

Angeln und Fischen

Deutlich ruhiger geht es beim Angeln zu, das in Schottland sehr beliebt ist. Kaum sonstwo gibt es noch so glasklare Bäche und Seen oder fischreiche Küstenabschnitte in grandioser Landschaft! Eine Angelerlaubnis bekommt man problemlos selbst in kleineren Orten. Alles zum Thema Angeln und Fischen in Großbritannien unter www.fishpal.com.

Pferdesport

Atemberaubende Landschaft, einsame Wege und grandiose Aussichten, all das eröffnet sich dem Urlauber, wenn er sich auf den Rücken eines Pferdes schwingt.

Besonders in den Lowlands und im Osten Schottlands befinden sich einige der schönsten Reitpfade. Informationen zu Reitausflügen gibt VisitScotland unter: www.visit scotland.com/see-do/active/horse-riding-pony-trekking.

Skifahren und Snowboarden

Die Vermarktung des Alpinskifahrens in wildromantischer Landschaft hat Schottland zu einer touristischen Wintersaison verholfen. Aber unsichere Schneeverhältnisse führten zu sinkenden Besucherzahlen der Skizentren. Deutlich ist die zunehmende Verwüstung der Landschaft: Die Pistenhänge von Cairngorm weisen z. B. gravierende Erosionsschäden auf, die im Sommer nicht zu übersehen sind.

Unterkunft

Schottland ist auf Individualreisende eingerichtet, mit Unterkünften vom gemütlichen Bed & Breakfast (B & B) bis zum teuren Schlosshotel, vom schön gelegenen Campingplatz bis zur freundlichen Jugendherberge.

Auch Ferienhäuser und -wohnungen sind eine beliebte Unterkunftsvariante. Außerhalb der Hochsaison kann man Schottland ohne Weiteres aufs Geratewohl erkunden.

Überaus hilfreich sind die **VisitScotland Information Centres**. Es gibt in Schottland viele solcher Informationsbüros. Wichtig ist ihre Hilfe bei der Suche nach einem B & B – manch abgeschiedene Privatunterkunft, die sonst nirgends verzeichnet ist, kennt nur das örtliche Information Centre. Über die Website von VisitScotland kann man Unterkünfte auch bequem von zu Hause aus buchen: www.visitscotland.com/accommodation.

Bed & Breakfast

Diese Art der Unterkunft ist eine großartige Gelegenheit, Einheimische kennenzulernen. Die Unterkünfte reichen vom ehemaligen Kinderzimmer in der Privatwohnung bis hin zur klassischen Familienpension. Angeboten werden offiziell nur Bett und Frühstück, aber eine Einladung zum Nachmittagstee mit Kuchen ist ebenso möglich wie die Frage, ob man eine (zu bezahlende) Abendmahlzeit gekocht haben möchte. B&B-Wirte dürfen auch Alkohol ausschenken, sofern sie eine Lizenz besitzen. Oft bekommt man jedoch einen Whisky als krönenden Abschluss der Mahlzeit gereicht. Die meisten Unterkünfte, selbst abgelegene, bieten ihren Gästen kostenloses Wi-Fi an.

Preisgünstige Übernachtungsmöglichkeiten nicht nur für Studenten bieten während der Sommermonate auch die Universitäten von Edinburgh, Glasgow, Dundee, St Andrews und Stirling an (www. universityrooms.com).

Hotels und Guesthouses

Hotels aller Kategorien gibt es überall – besonders reich gesegnet ist Schottland mit Unterkünften in Schlössern und Landhäusern, die oft eigene Golf- oder Angelpauschalen arrangieren. Luxus hat seinen Preis, aber dafür wird auch

Fast wie im Castle: B & B in Oban

einiges geboten. Nicht jedes »Country House Hotel« ist unerschwinglich, und selbst die pompösesten Hotels geben außerhalb der Hauptsaison häufig Preisnachlässe.

Jugendherbergen/Hostels

Die **Scottish Youth Hostel Association** (Tel. 01786/891 400, www.syha.org.uk) betreibt viele Herbergen in ganz Schottland. Für £ 15 kann man vor Ort oder online die Mitgliedschaft erwerben, die für eine Übernachtung in einem der Youth Hostels Vorraussetzung ist.

Der Verband **Scottish Independent Hostels** (www.hostel-scotland.co.uk) unterhält knapp 130 unabhängige Hostels, für die kein Jugendherbergsausweis benötigt wird. Gerade die unabhängigen Hostels in Schottland haben z. T. einen sehr hohen Standard.

Campingplätze

Mit über 500 Camping- und Caravanplätzen ist Schottland gut versorgt, besonders an den Küsten im Süden und in allen touristischen Zentren. Allerdings hat Campen in Schottland zwei durchaus problematische Seiten: das Wetter und die Mücken. Schwärme winziger Stechmücken *(midges)* können einem gerade am Wasser die schönsten Plätze verleiden. Für Wohnwagen können enge, steile Straßen zum Problem werden. Detaillierte Informationen zu Campingplätzen findet man auf der Website von Visit Scotland: www.visitscotland.com/accommodation/caravan-camping.

! Erstklassig

Außergewöhnliche Unterkünfte

....

- Seekrank wird man keinesfalls, wenn man sich im luxuriös ausgestatteten Hausboot **The Four Sisters Boatel** einmietet, das unweit von Edinburgh Castle am Union Canal vertäut liegt. › S. 61
- Im **Corsewall Lighthouse Hotel** auf den Rhinns of Galloway hat man nicht nur einen fantastischen Blick übers Meer, man kann dort auch romantisch heiraten. › S. 84
- Die Schotten sind nicht mehr so fleißige Kirchgänger, und so sind einige Kirchen in Restaurants und Hotels umgewandelt worden. Ein schönes Beispiel ist **The Auld Kirk** aus viktorianischer Zeit in Ballater. › S. 100
- Im zauberhaften **Baumhaus** von Fernie Castle werden Kinderträume wahr. Auf einer Lichtung nahe dem Schloss, im Geäst von sechs Ahornbäumen errichtet, bietet das Baumhaus 5-Sterne-Luxus. › S. 106
- Zwar fahren die Eisenbahnwaggons von **Sleeperzzz** nicht mehr durch die Highlands, doch hat man beim Aufenthalt in den stillgelegten Schlafwagen unverstellten Blick auf die landschaftlichen Schönheiten ringsum. › S. 143
- Im **Glengarry Castle Hotel** wird ein Traum wahr: Im Schlosshotel mit Himmelbett und Blick auf die Highlands übernachten – und das zu moderaten Preisen. › S. 146

In der Rose Street, Edinburgh

LAND &
LEUTE

Steckbrief

- **Fläche:** 78 772 km² (34 % der Fläche Großbritanniens)
- **Anzahl der Inseln:** über 790
- **Größter See:** Loch Lomond (71,1 km²)
- **Längster Fluss:** Tay (193 km)
- **Höchster Berg:** Ben Nevis (1344 m)
- **Einwohner:** 5 373 000, davon in Glasgow 606 340, in Edinburgh 498 810 und in Aberdeen 230 300 Einwohner (Schätzung Mai 2015)
- **Amtssprachen:** Englisch, Schottisch-Gälisch, Scots
- **Hauptstadt:** Edinburgh
- **Landesvorwahl:** 00 44

- **Währung:** Pfund Sterling (£, GBP); schottische Pfundnoten sind dem englischen Pfund gleichgestellt
- **Zeitzone:** Greenwich Mean Time (GMT), d. h. MEZ – 1 Std.

Lage und Landschaft

Schottland umfasst das nördliche Drittel Großbritanniens samt der umliegenden Inselwelt (Hebriden, Orkney- und Shetlandinseln). Die Hauptstadt Edinburgh liegt etwa auf der Höhe von Kopenhagen, die Nordspitze des Festlands auf der von Stockholm.

Geologisch sind drei Regionen zu unterscheiden: Die **Southern Uplands** bilden einen ca. 80 km breiten Saum von Hügeln, der sich von der englischen Grenze bis südlich von Edinburgh und Glasgow erstreckt. Die beiden Städte liegen in den **Lowlands**. Dieser von Südwesten nach Nordosten verlaufende Streifen ist der fruchtbarste und am dichtesten besiedelte Teil. Im Norden schließen sich die **Highlands** an,

die wiederum der Great Glen (Loch Ness, Loch Lochy, Loch Linnhe) unterteilt. Östlich, in den Eastern Highlands, erhebt sich die Gebirgskette der Grampians mit Gipfeln bis über 1300 m Höhe. Westlich und nördlich dehnen sich die am dünnsten besiedelten Gebiete Großbritanniens mit den ältesten Gesteinsformationen in Westeuropa aus.

Politik und Verwaltung

Wer Schottland als »nördliche Provinz« Großbritanniens bezeichnet, dürfte sich den Zorn der Schotten zuziehen, auch wenn sie zum Vereinigten Königreich von Großbritannien und Nordirland gehören. Schottland hat z. B. ein eigenes Justizsystem, das sich vom englischen unterscheidet, doch wurde bisher über alle Gesetze in London entschieden.

1997 ließ die Labour-Regierung in London ein Referendum abhalten, das dazu führte, dass die Schotten 1999 nach fast 300 Jahren wieder ein eigenes Parlament wählten.

Mit den Regionalwahlen von 2007 endete allerdings die Vorherrschaft von Labour in Schottland, seitdem stellt die dem Mitte-Links-Spektrum zugehörige SNP (Scottish National Party) die Regierung.

Beim Referendum zur Unabhängigkeit 2014 entschieden sich 55,3% der Schotten für einen Verbleib beim Vereinigten Königreich, beim Referendum über den Austritt aus der EU zwei Jahre später, stimmten 62% für einen Verbleib.

Wirtschaft

Für Schlagzeilen sorgte die Verstaatlichung der fast 300 Jahre alten Royal Bank of Scotland im Zuge der Finanz- und Wirtschaftskrise, aber die schottische Wirtschaft ruht v. a. auf den beiden Stützpfeilern Tourismus und Nordseeöl: Der Tourismus samt Hotellerie, Kunsthandwerk etc. bietet mehr Menschen Arbeit als irgendein anderer schottischer Wirtschaftszweig. Riesige staatliche Steuereinnahmen für ganz Großbritannien bringt das vor der Küste geförderte Öl. Umgekehrt fließen aus London ca. 32 Mrd. Pfund pro Jahr nach Schottland.

Schwerindustrie gibt es in Schottland kaum noch. Erfolg versprechen exportorientierte Branchen, von denen einige schon eine lange Tradition haben: Lebensmittelverarbeitung, Textilfabrikation, Whiskyerzeugung und Fischzucht – v. a. Lachsprodukte aus Meeresfarmen.

Im Industriebereich setzt man heute auf Hochtechnologie: In den 1980er-Jahren entstand zwischen Edinburgh und Glasgow »Silicon Glen«, wo derzeit mehr Computerteile hergestellt werden als irgendwo sonst in Europa. Aber die Wirtschaftskrise und der Konkurrenzdruck belasten auch die dortigen Firmen. Biotechnologie und Gentechnik sind dagegen auf dem Vormarsch.

2014 ist zwischen der schottischen Nordseeküste und den Orkneys am Pentland Firth mit dem Bau des größten kommerziellen Gezeitenkraftwerks in Europa begonnen worden. Daneben gehört die Erzeugung von Windkraft in Schottland zur am schnellsten wachsenden Technologie für erneuerbare Energien.

Die Edradour Distillery nahe Pitlochry. Auch wenn Schottlands Brennereien oft relativ klein sind: Whisky ist ein Wirtschaftsfaktor

Geschichte im Überblick

Um 6000 v. Chr. Sammler und Jäger leben an den Küsten Schottlands.

Ab ca. 4200 v. Chr. Erste Anzeichen von Sesshaftigkeit. Am Übergang zur Bronzezeit Steinhügelgräber und Steinkreise.

Um 800 v. Chr. Erste nachweisbare Einwanderung keltischer Stämme aus Gallien. Der später von den Römern Pikten genannte Stamm besiedelt den hohen Norden.

Ab 82 n. Chr. Der römische Kaiser Vespasian versucht, die Pikten zu unterwerfen, die sich ins Hochland zurückziehen und Widerstand leisten. Alle Versuche zur Befriedung scheitern; die Römer bauen Grenzbefestigungen (Hadrianswall).

Ab ca. 200 Aus Irland wandern die keltischen Skoten ein, die Schottland seinen Namen geben; sie bringen die gälische Sprache und das Clansystem mit.

563 Mit der Gründung einer Klostergemeinschaft auf Iona durch den irischen Mönch Columba beginnt die Christianisierung Schottlands.

Ab ca. 800 Normannen, Dänen und Waräger fallen in Schottland ein. Skandinavische Wehrbauern beginnen sich im Norden niederzulassen und allmählich zu assimilieren.

843 Der Skotenfürst Kenneth MacAlpin verbündet sich mit den Pikten gegen die Wikinger und regiert als erster schottischer König.

1165 Als Wilhelm der Löwe den schottischen Thron besteigt, umfasst sein Reich bereits fast das ganze Gebiet des heutigen Schottlands.

Nach 1290 Es beginnt eine lange Periode von Auseinandersetzungen um die Thronfolge. Der englische König Edward I. versucht die Lage auszunutzen, trifft jedoch auf die beiden späteren Nationalhelden: William Wallace besiegt Edward 1297 in der Schlacht von Stirling Bridge, im folgenden Jahr unterliegen die Schotten bei Falkirk. Robert Bruce lässt sich 1306 zum König von Schottland krönen und besiegt die Engländer 1314 bei Bannockburn.

1350/1362 Zweimal wütet die Pest in Schottland. Es dauert fast 50 Jahre, bis sich das Land wieder erholt hat.

1371 Mit der Krönung von Bruces Enkel Robert Stewart kehrt wieder dynastische Stabilität ein – das Königshaus, das sich später Stuart nennt, regiert bis 1689.

Ab 1520 Kaufleute bringen die ersten lutherischen Traktate ins Land. Die katholische Kirche gerät unter Druck, zumal Heinrich VIII. von England die Heirat seines Sohnes Edward mit der damals 2-jährigen Maria Stuart durchzusetzen versucht. Der Calvinist John Knox heizt den Volkszorn gegen den »Papismus« an. 1560 schafft das Reformation Parlament die katholische Staatskirche ab.

1561 Maria Stuart besteigt den Thron, muss 1567 aber zugunsten ihres erst einjährigen Sohnes

Jakob VI. abdanken. Sie flieht nach England, wo sie von Königin Elisabeth I. gefangen genommen und 1587 nach 18-jähriger Haft hingerichtet wird.

1603 Nach Elisabeths Tod wird Jakob VI. als Jakob I. König von England – die Stuarts regieren nun Schottland und England gut 100 Jahre lang, unterbrochen zwischen 1649 und 1660 durch den englischen Bürgerkrieg und die Herrschaft Oliver Cromwells.

1707 Mitglieder des schottischen Parlaments und der Kirche lassen sich bestechen und ratifizieren die »Articles of Union«, womit die Realunion zwischen England und Schottland besiegelt wird: Das Vereinigte Königreich von Großbritannien entsteht.

1714–1719 Anhänger der Stuarts versuchen, den Sohn Jakobs VII./ II. als Thronprätendenten durchzusetzen. Der erste Aufstand, vorwiegend von Highland Clans getragen, scheitert; ein zweiter Versuch 1719 wird schon im Ansatz zunichtegemacht.

1745/46 Dritter Jakobitenaufstand, angeführt von »Bonnie Prince Charlie«, dem Enkel des letzten Jakob. Nach Anfangserfolgen endet die entscheidende Schlacht von Culloden mit einer vernichtenden Niederlage der Jakobiten.

Ab ca. 1750 Mit der industriellen Revolution erlebt Schottland einen Wirtschaftsaufschwung. Die »schottische Aufklärung« bringt große Künstler, Ingenieure und Philosophen hervor (Watt, Telford, Hume, Smith); die romantische Verklärung

der Highland-Clans beginnt. Periode der Highland Clearances › **S. 143**, der Entvölkerung Nordschottlands.

Um 1820 Die Rationalisierung der Textilindustrie macht viele Weber arbeitslos. Arbeiteraufstände brechen aus, die niedergeschlagen werden; erst 1877 werden die Arbeitszeiten und Arbeitsbedingungen gesetzlich geregelt.

Nach 1945 Die schottischen Zentren der Kriegsindustrie werden auf Konsumgüter umgestellt.

Um 1975 Beginn der Ölförderung vor der schottischen Ostküste.

1997 Referendum für ein schottisches Regionalparlament.

1999 Die erste schottische Volksvertretung seit 1707 nimmt in Edinburgh ihre Arbeit auf.

2004 Das neue schottische Parlamentsgebäude wird eingeweiht.

2007 Bei den Neuwahlen zum Regionalparlament siegt die auf Unabhängigkeit bedachte SNP, die zunächst eine Minderheitsregierung mit Alex Salmond als Erstem Minister bildet.

2011 Bei den schottischen Parlamentswahlen erringt die SNP die absolute Mehrheit.

2014 Das Referendum zur Unabhängigkeit Schottlands scheitert; Alex Salmond tritt zurück, Nachfolgerin wird Nicola Sturgeon.

2015 Bei den Unterhauswahlen erringt die SNP 56 der 59 für Schottland vergebenen Mandate, großteils zulasten der Labour Party.

2016 Beim Austrittsreferendum wählt Schottland mehrheitlich den Verbleib in der EU, kann den Brexit damit aber nicht verhindern.

Die Menschen

Schottlands alteingesessene Bevölkerung ist keltischen, angelsächsischen und skandinavischen Ursprungs, doch die Auflösung althergebrachter sozialer Strukturen schreitet voran.

Selbst auf den entlegenen Orkney-Inseln kann ein erheblicher Teil der »Einheimischen« nicht einmal einen schottischen Akzent vorweisen, geschweige denn eine Generationen zurückreichende Verbundenheit mit dem Land.

Sprache

In Schottland werden drei Sprachen gesprochen: Englisch, der dem Englischen verwandte Dialekt (Lowland) Scots und Schottisch-Gälisch. Fast alle Schotten sprechen Standardenglisch mit schottischem Akzent. Ca. 30 % der Bevölkerung sprechen zudem fließend Scots und 1 % der Bevölkerung auch Schottisch-Gälisch, eine keltische Sprache, die mit dem Irischen verwandt ist. Nur auf den Äußeren Hebriden gibt es noch eine Schottisch-Gälisch sprechende Mehrheit. Englisch und Scots sind vom schottischen Parlament als Amtssprachen anerkannt.

Religion

Die presbyterianische Church of Scotland ist die Nationalkirche in Schottland und gilt als Verkörperung des schottischen Volkscharakters. Ihr calvinistisches Ethos betont den Gehorsam gegenüber Autoritäten und den Wert von eigener Hände Arbeit, aber auch intellektuelle Eigenständigkeit. Daneben gibt es alteingesessene katholische Gemeinden in Glasgow und Dundee sowie in den Highlands und auf den Äußeren Hebriden. 33 % der Bevölkerung gehören der Church of Scotland an, 16 % sind römisch-katholischen Glaubens, 37 % bezeichnen sich als bekenntnislos. Andere Religionen spielen kaum eine Rolle.

Natur & Umwelt

Rund zwei Drittel der Fläche Schottlands werden von Bergen und Hochmooren eingenommen.

Ehemals war ein Großteil vom kaledonischen Wald bedeckt, einem Mischwald aus schottischen Kiefern, Eichen, Weißbirken, Weiden, Erlen, Ebereschen und Heidekraut. Mittlerweile sind die mächtigen Waldgebiete auf einige Schutzreservate mit ursprünglicher Vegetation zusammenge-

Zu Fuß kommt man der wilden Natur Schottlands sehr nahe

schrumpft. Über fast zwei Drittel des Landes breiten sich Moore, Felsen und Heide aus, beinahe 800 000 Hektar sind von Torfmoor bedeckt. Im hohen Norden wachsen Flechten und Moose.

Rotwild gibt es in Schottland in großer Zahl. Der Wildschweinbestand war schon fast ausgelöscht, hat sich aber inzwischen wieder erholt, während das Überleben der extrem seltenen Wildkatzen und Wildziegen gefährdet ist. Die Hochlandrinder hat man gezüchtet, um Vieh zu haben, das dem kalten Klima gewachsen ist; Weideflächen voller grasender Schafe sind über das ganze Land verteilt. Otter sieht man nur selten, doch die eingeführten Nerze breiten sich rasant aus. Das berühmte einheimische Moorschnee-huhn bevölkert in großer Zahl die ausgedehnten Heideflächen, und Millio-nen von Graugänsen überwintern auf den Stoppelfeldern der Lowlands.

Man ist in Schottland nie weit vom Meer entfernt, und neben den fast baumlosen Bergketten der Highlands können Felsküsten als typisch schot-tische Landschaft gelten. So finden sich auf den Inseln und an den Küsten einige der bedeutendsten Seevogelkolonien Europas.

2002 wurde mit dem Loch Lomond and the Trossachs National Park der erste Nationalpark Schottlands eröffnet, in dem sich seltene Tiere wie Gold-adler und Grönlandgänse niedergelassen haben. 2003 folgte als zweiter Park der Cairngorms National Park. Hier leben vor allem der schottische Kreuz-schnabel, Wildkatzen und Dachse sowie eine Population von Seeadlern.

Kunst & Kultur

Bildende Kunst

Die Kunst der Pikten überdauerte nur in Form von Metallarbeiten und behauenem Stein. Ihre Verzierungen mit Symbolen und Tierbildnissen verschmolzen mit den stärker ornamentalen Arbeiten der aus Irland eingewanderten Skoten. Der Großteil der Buchilluminationen und Kirchendekorationen aus dem Mittelalter ging verloren, als im 16. Jh. alle Klöster zerstört wurden. Eine eigenständige schottische Malerei entstand Mitte des 16. Jhs., als reich bemalte Zimmerdecken aufkamen (Crathes Castle › **S. 95**). Das 18. Jh. wurde mit der Blüte der »schottischen Aufklärung« zur Ära der Porträtmalerei (Allan Ramsay, Henry Raeburn). Alexander Runciman und Alexander Nasmyth huldigten dem klassischen Ideal: Griechenland, Rom und stille Lowland-Landschaften waren ihre Sujets. Im 19. Jh. setzte die romantische Verklärung der Highlands ein – z.B. in dramatischen Genreszenen von David Wilkie und bedrohlich wirkenden Landschaften von Horatio McCulich.

Vorläufer der Moderne war William McTaggart, der als Genremaler begann; seine Seestücke vom Ende des 19. Jhs. konzentrieren sich jedoch ganz

---

SEITENBLICK

Nicht nur der Dudelsack macht die Musik

Die traditionelle Musik Schottlands gedeiht in vielerlei Formen, von strengster Traditionspflege bis zur Rockmusik mit gälischen Texten.

Die frühesten »schottischen« Instrumente (um 700 v. Chr.) sind Hörner und Trompeten aus Bronze, die wahrscheinlich als Kavalleriesignale dienten. Sackpfeifen wurden wohl zuerst aus Südeuropa als Militärinstrumente eingeführt. An der Wende zum 17. Jh. lässt sich eine hochentwickelte konzertante Spielkultur mit ausgeprägter Hierarchie nachweisen: Neben der »kleinen Musik« (Ceòl beag) der Jigs und Reels und der »mittleren Musik« (Ceòl meadhonach) der Airs und Klagelieder bildete sich eine »große Musik« (Ceòl mór oder Piobaireachd) heraus, deren anspruchsvolle Formen in den Dynastien der Clanpfeifer von Generation zu Generation weitergegeben wurden.

Neben den über ein Mundrohr angeblasenen Highland pipes oder Great pipes sind oft die Lowland oder Small pipes zu hören, die mittels eines Blasebalgs bedient werden. Seit frühester Zeit kennzeichnen Harfen und seit dem 18. Jh. auch Geigen die schottische Volksmusik.

Viele Folkgruppen verwenden heutzutage neben Pipes, Fiddles, Flöten und Akkordeon auch die üblichen Rockinstrumente. Traditionellere Formen pflegen Sängerinnen wie Cilla Fisher und Christine Primrose, die Harfenistin Alison Kinnaird, der Geiger Ali Bain oder der Dudelsackvirtuose Hamish Moore.

auf den persönlichen Eindruck. Die als Glasgow Boys bekannte Malergruppe (u. a. James Guthrie und W. Y. Macgregor) war vom französischen Impressionismus beeinflusst, ebenso wie die als Koloristen bekannten Maler um S. J. Peploe nach 1900.

Die zeitgenössischen Künstler John Bellany (Porträts) und Ian Hamilton Finlay (Skulpturen) genießen große Bekanntheit. Die sogenannten Edinburgh Girls – June Redfern, Fionna Carlisle – pflegen einen expressiv-figürlichen Stil. Ken Currie (geb. 1960) hat sich mit seinen Gemälden für den People's Palace (Glasgow) einen Namen gemacht.

Literatur

Schottland hat literarische Werke in drei Sprachen hervorgebracht. Nahm man lange Zeit nur englischsprachige Literatur ernst, wird heute wieder mehr Aufmerksamkeit auf Texte in Scots und Gälisch gerichtet.

Die Entwicklung einer volkssprachlich aufgezeichneten Literatur beginnt um das Jahr 1350. Mit John Barbours Reimchronik »The Bruce« entstand 1375 ein großes schottisches Nationalepos im englischen Dialekt der schottischen Lowlands. Um die Wende vom 15. zum 16. Jh. feierte man Dichter wie Robert Henryson und William Dunbar wegen ihrer Versallegorien und Satiren.

Um 1725 begann die schottische Literatur mit Pastoralen wie »The Gentle Shepherd« von Allan Ramsay und James Thomsons »The Seasons« ihren Siegeszug. 1765 erschienen James Macphersons »Übertragungen« der Ossian-Gedichte: Der Schulmeister sammelte gälische Balladen, die er übersetzte, zusammenfasste und mittels einer gefälschten historischen Zuordnung unter dem Titel »Fingal« als gälisches Originalepos ausgab. Es wurde zu einem Lieblingswerk vieler Romantiker, die auch die Gedichte von Robert Burns und Walter Scott schätzten. Scotts historische Romane (»Waverley«, »Ivanhoe«) gehörten zu den Bestsellern des frühen 19. Jhs., während Burns' Mundartgedichte ihm den Titel eines »schottischen Nationaldichters« eintrugen. Thomas Carlyle, auch Übersetzer deutscher Klassiker und Romantiker, trug Mitte des 19. Jhs. wesentlich zum viktorianischen Kulturleben bei.

Das 20. Jh. brachte eine neue Blüte schottischer Lyrik, sowohl auf Englisch (Hugh MacDiarmid: »A Drunk Man Looks at the Thistle«) wie auch auf Gälisch. »Lanark« von Alasdair Gray, »Trainspotting« von Irving Welsh und die in Glasgow angesiedelten Werke von James Kelman gehören zu den wichtigsten Werken der britischen Literatur des späten 20. Jhs.

In den letzten Jahrzehnten hat das Land auch eine Reihe bedeutender Krimiautoren wie Val McDermid und Ian Rankin hervorgebracht, letzterer erreicht mit seinen Romanen um Inspektor Rebus weltweit ein Millionenpublikum. Dies gilt natürlich ebenso für die Harry-Potter-Bücher von J. K. Rowling, der wohl erfolgreichsten schottischen Autorin der letzten Jahre.

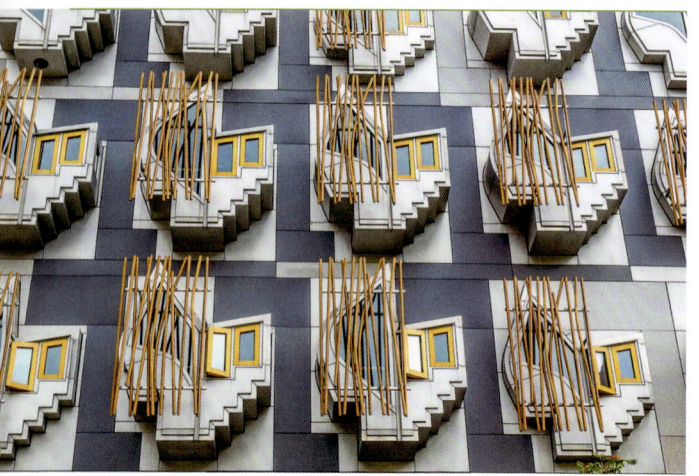

Fassade des Scottish Parliament in Edinburgh

Architektur

Eine eigenständige »schottische« Architektur gibt es nicht, das Land hat aber einige international einflussreiche Architekten hervorgebracht.

Zu Beginn des 14. Jhs. bildete sich eine spezifisch schottische Variante im Bau befestigter Anwesen heraus: das Tower House, ein massiver Wohnturm mit Küche und Stallungen im Erdgeschoss, dem Saal im ersten Stock und Privatgemächern darüber.

Der Architekt Colin Campbell legte um 1700 den Grundstein für die Hochblüte des Klassizismus, dessen herausragende Vertreter Robert und James Adam waren. Charlotte Square in Edinburgh und Culzean Castle sind Beispiele für ihr Wirken, bei dem kein dekoratives Detail der Innenausstattung vernachlässigt wurde.

Im 19. Jh. folgte der Prunkstil der viktorianischen Architekten, die dem merkantilen Selbstbewusstsein Ausdruck verliehen (City Chambers, Glasgow). Die Gegenbewegung brachte mit dem »Glasgow Style« eine spezifische Ausprägung des Art nouveau hervor: Die Gruppe um Charles Rennie Mackintosh setzte auf klare Formen und geometrische Dekoration – Bauten wie die Glasgow School of Art gehören zu den individuellsten Werken der schottischen Architekturgeschichte.

Die politische Teilselbstständigkeit Schottlands hat Ende des 20. Jhs. einen Boom zeitgenössischer Architektur ausgelöst, zu sehen etwa am National Museum of Scotland in Edinburgh oder am Lighthouse in Glasgow. Das Science Museum am Clyde-Ufer bildet den Nukleus futuristischer Bauten aus Hightech-Materialien. Geschichte und Natur des Landes flossen beim Bau des Parlaments in Edinburgh in die kompromisslos moderne Konzeption ein – ein Leitmotiv der zeitgenössischen schottischen Architektur.

Feste & Veranstaltungen

In Schottland laden zahlreiche Musik- und Kulturfestivals Einheimische wie Besucher ein, das kulturelle Erbe des Landes näher kennenzulernen. Neben landestypischen Events sind Highlights wie die internationalen Festivals in Edinburgh vom Kulturkalender nicht mehr wegzudenken.

Festkalender

Januar: Hogmanay: Silvester/Neujahr wird ausgiebig gefeiert. **Burns Night:** Mit einem Festessen begeht man den Geburtstag des Nationaldichters Robert Burns am 25. Januar. **Celtic Connections Festival:** Keltische Musik in Glasgow mit den Folk-, Roots- und World-Music-Acts aus aller Welt.

Februar: Glasgow Film Festival.

Mai: Spirit of Speyside Whisky Festival: Ein Muss für alle Whiskyfreunde. **The Wild Lochaber Festival:** Die wilde Tierwelt und die spektakuläre Landschaft werden im Rahmen zahlreicher Veranstaltungen zelebriert.

Mai bis September: traditionelle **Highland Games** und **Gatherings** in verschiedenen Orten (Braemar Royal Highland Gathering jeweils am ersten Samstag im September).

Juni: Royal Highland Show in Edinburgh: größte Landwirtschaftsschau Schottlands. **Edinburgh International Film Festival. Glasgow International Jazz Festival:** Bedeutendes Jazzfestival.

Juli: T in the Park: Führendes Outdoor Festival mit bekannten Rockgruppen. **Edinburgh Jazz & Blues Festival:** Das größte seiner Art in ganz Großbritannien, Auftritte in der ganzen Stadt. **Speyfest:** Das größte Festival für traditionelle und moderne keltische Musik findet in Fochabers im nordöstlichen Verwaltungsbezirk Moray statt.

August: Edinburgh Military Tattoo, Edinburgh Festival Fringe, Edinburgh International Festival: Die schottische Hauptstadt steht ganz im Zeichen der Kultur › S. 63. Bei den **World Pipe Band Championships** in Glasgow spielen Dudelsackbands aus aller Welt.

September: BLAS Festival: Ein Festival, das die Highlands mit all ihren Facetten feiert.

Oktober: Enchanted Forest in Perthshire. Abendliche Lichtershow im Land der großen Bäume.

Die vielen Highland Games sind echte Besuchermagneten

Essen & Trinken

Schottland ist berühmt für fein gemasertes Rind- und Lammfleisch aus artgerechter Haltung. Hinzu kommen Rot- und Federwild, z. B. Reh oder Fasan. Meer, Flüsse und Lochs liefern Lachs und Forellen, vielerlei anderen Fisch, dazu Muscheln, Krabben und Hummer frisch vom Kutter.

Die traditionelle Küche verwendet vorzugsweise Kartoffeln, Kohl, Rüben und Lauch – auch Wildpilze sind reichlich vertreten. Der Obstanbau, besonders von Beeren, hat in den Lowlands eine lange Tradition, und die Früchte werden zu köstlichen Nachspeisen und Marmeladen verarbeitet.

Beim schottischen Frühstück können die in Großbritannien ohnehin üblichen Eier mit Speck und Grilltomate plus Toast durch Pilze, Würstchen, Räucherfisch, Porridge, Blutwurst, Bratkartoffeln und Nierchen in brauner Soße ergänzt werden. Neben Tee wird am Morgen auch gerne Kaffee getrunken, auch wenn starker Tee mit Milch und Zucker immer noch als Allheilmittel für jede Art von Schock gilt.

Die Website der Organisation **Taste of Scotland** führt empfehlenswerte Restaurants, Produkte aus dem Lebensmittelbereich sowie Bauern- und Herstellermärkte auf (www.taste-of-scotland.co.uk).

Hauptsache Hafer

In sein 1775 erschienenes Wörterbuch der englischen Sprache trug Samuel Johnson die berühmt gewordene Definition ein: »Hafer – ein Getreide, das in England gemeinhin den Pferden verfüttert wird, in Schottland dagegen die Menschen ernährt.«

Hafermehl wird zu ungesüßtem Gebäck (*oatcakes, bannocks*), Haferbrei (*porridge, brose*) und Klößen (*cloutie dumplings*) verarbeitet, Haferschrot ist Bestandteil des Nationalgerichts *Haggis*, Käse wird in grob gemahlenem Hafer gerollt (*Caboc*). Weltbekannt ist das köstliche Mürbeteiggebäck *Shortbread*, dessen Rezept als »six, four, two« bekannt ist: sechs Teile Mehl, vier Teile Butter, zwei Teile Zucker. Für *Atholl brose* wird dünner Haferbrei mit Honig und Whisky vermischt. Honig und Whisky stecken auch in der Süßspeise *Cranachan*.

Haggis, Schottlands Nationalgericht

Haggis – ein Muss

Viele mögen zunächst die Nase rümpfen, doch man sollte Haggis probiert haben, um sich ein Urteil erlauben zu können. Es besteht aus dem Magen eines Schafes, der mit Herz, Leber, Lunge, Nierenfett vom Schaf, Zwiebeln und Hafermehl gefüllt wird. Haggis ist mit Pfeffer scharf gewürzt, das Hafermehl verleiht ihm eine etwas schwerere Konsistenz als Wurst. Der Nationaldichter Robert Burns hat sogar eine Ode an den Haggis geschrieben. Mit Fantasie zubereitet, steht Haggis selbst in Feinschmeckerlokalen auf der Speisekarte; als Zugeständnis an den allgemeinen Trend gibt es sogar eine vegetarische Variante.

Durstlöscher und Whisky

Die weltweit üblichen Erfrischungsgetränke und einheimische Mineralwässer ergänzen in Pubs die diversen Biersorten: helles »Lager«, stark gehopftes »Bitter« und das schwarze »Stout« irischer Herkunft, außerdem bieten viele Pubs die auf traditionelle Weise gebrauten »Real Ales« an.

Whisky, das »Wasser des Lebens«, ist als Exportschlager für Schottland mehr denn je von größter Bedeutung. 2015 ist der Export von Whisky gegenüber dem Rekordjahr 2011 (damals ein Anstieg von 23 %) zwar zurückgegangen, dennoch belief sich das Verkaufsvolumen auf 3,9 Mrd £. Besucher können unzählige Brennereien besichtigen › S. 48. Natürlich trinken die wenigsten Schotten im Alltag ständig Whisky, geschweige denn teuren unverschnittenen »Single Malt«, der in einer einzigen Destillerie nur aus gemälzter Gerste gebrannt und mindestens acht Jahre in Eichenfässern gelagert wird. Aber der Genuss von Marken wie Cragganmore oder Laphroaig bietet schon ein besonderes Erlebnis.

! Erstklassig

Feine Küche und Fish & Chips

- Was wäre Schottland ohne einen richtigen Afternoon Tea? Im Drawing Room des piekfeinen **Balmoral Hotel** in Edinburgh wird Tee noch zelebriert. Was man zu verspeisen nicht mehr geschafft hat, darf man sorgfältig verpackt mitnehmen. › S. 62
- Vegetarisch und vegan muss nicht langweilig sein, wie das **Henderson's** in Edinburgh beweist. Fantasievolle Kreationen und ausgewählte Zutaten machen einen Besuch zur Gaumenfreude. › S. 62
- Dem **Fish & Chip Van** in Tobermory auf der Insel Mull stattete selbst Prince Charles schon einen Besuch ab – dass es ihm geschmeckt hat, darf man vermuten. › S. 116
- Für feine schottische Küche besonders zu empfehlen ist das **Sea Breezes Restaurant** auf Skye, das auch einen wunderbaren Blick auf den Hafen von Portree bietet. › S. 129

Schottlands flüssiges Gold

Die Pagodendächer ihrer Schornsteine weisen die weiß getünchten Gebäude als Whiskybrennereien aus – darunter liegen die Malzdarren zum Trocknen der gekeimten Gerste: Auf der Insel Islay arbeiten auf kleinstem Raum so viele Destillerien, dass Islay als eigenständige Whiskyregion geführt wird. Von den acht Brennereien produzieren sieben ihre eigenen Single Malt Whiskys. Die achte trägt den Namen des Hafens Port Ellen und dient als zentrale Mälzerei.

Beim **Islay Festival of Malt and Music** Ende Mai/Anfang Juni bieten alle Brennereien Verkostungen und Führungen bei schottischer Musik an. Man sollte sich wegen des großen Andrangs frühzeitig anmelden (www.islayfestival.com).

Torfrauch und Meer

Alle, die Single Malts lieben, werden Marken wie Laphroaig, Lagavulin oder Bowmore kennen, die in einschlägigen Geschäften in aller Welt zu haben sind. Die Produkte der Brennereien Caol Ila oder Ardbeg dagegen sind nicht so allgegenwärtig, aber ebenso köstlich: Islay-Whiskys schmecken unverwechselbar nach Torfrauch und Meer.

Bei den Führungen in den Destillerien gibt es neben Infos zur Herstellung und mancher Anekdote in der Regel auch eine Probe des jeweiligen Produkts.

- **Ardbeg [A8]**
  Port Ellen | Tel. 01496/302 244
  www.ardbeg.com
  Mai–Sept. tgl. 9.30–17, sonst Mo–Fr
  9.30–17 Uhr.

- **Bowmore** [A8]
  Bowmore | Tel. 01496/810 441
  www.bowmore.com
  Ostern–Sept. Mo–Sa 9–17, So 12–16,
  Okt.–Ostern Mo–Fr 9–17, Sa 9 bis
  12.30 Uhr.
- **Bunnahabhain** [A8]
  Port Askaig | Tel. 01496/840 646
  www.bunnahabhain.com
  April–Okt. Mo–Sa 10–17, So 11–16,
  Nov.–März 10–16, So 12–16 Uhr.
- **Bruichladdich** [A8]
  an der A847 | Tel. 01496/850 190
  www.bruichladdich.com
  Mo–Fr 9–17, Sa 9.30–16 Uhr, im
  Sommer auch So Führungen.
- **Caol Ila** [A8]
  Port Askaig | Tel. 01496/302 760
  www.discovering-distilleries.com
  April–Okt. Mo–Fr 9–17, So 10–16,
  Nov.–Feb. Di–Sa 10–16, März Mo–Sa
  9–17 Uhr. Im Sommer drei Führungen
  täglich.
- **Lagavulin** [A9]
  Port Ellen | Tel. 01496/302 749
  www.discovering-distilleries.com
  Mai–Aug. Mo–Fr 9–18, Sa/So 9–17
  Uhr, Sept./März/Apr. tgl. 9–17 Uhr,
  Okt.–Feb. Mo–Sa 10–16 Uhr. Im
  Sommer sechs Führungen täglich.
- **Laphroaig** [A8/9]
  Port Ellen | Tel. 01496/302 418
  www.laphroaig.com
  März–Okt. tgl. 9.45–17 Uhr, Nov. bis
  Feb. tgl. bis 16.30 Uhr. Im Sommer
  drei, im Winter ein bis zwei Führungen
  täglich..

The Best of the Rest

Die bedeutendste Whisky-Insel
nach Islay ist die Hauptinsel der
Orkneys, Mainland. Die beiden
Destillerien **Highland Park** und

Scapa sind nicht nur die nördlichs-
ten Schottlands, sie produzieren
auch viel gepriesene Single Malts.
- **Highland Park** [E2]
  Kirkwall | Tel. 01856/874 619
  www.highlandpark.co.uk
  Mai–Aug. Mo–Sa 10–17, So ab
  12 Uhr, Führungen stündl. bis 16 Uhr,
  April/Sept. Sa/So geschl., Okt.–März
  Mo–Fr 13–17, Führungen 14 u. 15 Uhr.
- **Scapa** [E2]
  Kirkwall
  Tel. 01856/873 269
  www.scapamalt.com
  April–Sept. Mo–Sa 9.30–17, So ab
  12.30 Uhr, Okt.–Nov. und März Mo–Fr
  9.30–17 Uhr. Im Sommer sechs Führungen täglich.

Die Region Speyside

Klares Quellwasser, saubere Luft
und Gerste, die auf den Feldern der
Umgebung wächst, veredeln die
Whiskys aus der Region Speyside,
die für Eleganz und Komplexität
stehen. Die Auswahl an Brennerei-
en ist groß, und die produzierten
Whiskys sind so verschieden, dass
man als touristische Attraktion einen eigenen Malt Whisky Trail ins
Leben gerufen hat (www.malt
whiskytrail.com), › S. 97.

Außerdem …

Neben Islay und Speyside gibt es in
Schottland noch drei Whiskyregionen: Highlands (z. B. **Talisker** auf der
Insel Skye › S. 128), Campbeltown
und Lowlands. Bei einem Besuch in
Edinburgh empfiehlt sich der Ausflug zur nahe gelegenen **Lowlands-
Distillery Glenkinchie** [E8] (www.
discovering-distilleries.com).

Am Loch Shiel, Westschottland

TOP-TOUREN & SEHENS-WERTES

EDINBURGH & GLASGOW

Kleine Inspiration

- **An der Literary Pub Tour** in Edinburgh teilnehmen › S. 58
- **Vom Calton Hill in der Abenddämmerung** den Blick über Edinburgh genießen › S. 60
- **In der Buchanan Street in Glasgow** ausgiebig shoppen gehen › S. 65
- **Das Kelvingrove Art Gallery and Museum** in Glasgow besuchen › S. 68
- **Einen Ausflug zur Insel Bute** mit ihren schönen Buchten, Hügeln und Wäldern von Glasgow aus unternehmen › S. 71

Edinburgh ist eine der schönsten Städte Europas, und auch Glasgow hat mit seiner lebendigen Szene viel zu bieten – vom »Glasgow Style« des Art nouveau bis zum modernen Design spannt sich der Bogen.

Die schottische Hauptstadt Edinburgh ist nach London die meistbesuchte Stadt Großbritanniens, ihr Schloss *die* britische Touristenattraktion außerhalb Londons.

Die Stadtplaner des 18. Jhs. sorgten für eine übersichtliche Aufteilung in eine vorwiegend klassizistische »Neustadt« und die verwinkelte Altstadt. Dem alles überragenden Schloss auf dem schroffen Felsen verdankt Edinburgh seine unverwechselbare Silhouette. Old Town und New Town zählen seit 1995 zum Weltkulturerbe der UNESCO.

»Edinburgh ist schottisch, Glasgow ist kosmopolitisch« – diese Feststellung aus den 1920er-Jahren gilt noch heute: Glasgow war nicht nur Auswanderungshafen, sondern nahm auch zahlreiche Einwanderer auf. Auch wenn Glasgow nicht an das Image von Edinburgh heranreicht, so hat die inzwischen sehr attraktive Stadt bedeutende Bauten des europäischen Art nouveau (Glasgow Style), viktorianische Prunkarchitektur, mehrere Museen von Weltniveau und eine pulsierende Szene aufzuweisen. Glasgow hat sich zum Zentrum für Kunst, Design und Musik entwickelt. Und nicht zuletzt werden die Glaswegians für die freundlichsten Menschen in ganz Schottland gehalten.

Tour in der Region

 Tour 1

Verlängertes Wochenende der Kontraste

Route: Edinburgh › Glasgow

Karte: Seite 56, 66
Dauer: 3–4 Tage
Praktische Hinweise:
• Dank der günstigen Verbindung mit Bahn (www.scotrail.co.uk) oder Bus (www.citylink.co.uk) zwischen

Edinburgh und Glasgow empfiehlt es sich, alle Übernachtungen in einer der Städte zu buchen. Selbst spät abends kommt man noch problemlos in die andere Stadt zurück.
• Während der Festspielzeit in Edinburgh findet man dort nur schwer eine preiswerte Unterkunft; man kann aber in Glasgow übernachten und das Festival ebenso miterleben.

Blick vom Calton Hill auf Edinburgh Castle

Tour-Start:

Der beste Ausgangspunkt für die Erkundung von Edinburgh ist **Edinburgh Castle** Ⓐ › S. 55. Vom Vorplatz des Schlosses überblickt man die **Royal Mile** › S. 56, die sich bis zum **Palace of Holyroodhouse** Ⓖ › S. 59 erstreckt, dem Sommersitz der Queen, wenn sie in der Stadt weilt. An **Castlehill** Ⓑ › S. 56, **Lawnmarket** Ⓒ › S. 57, **High Street** Ⓓ › S. 58 und **Canongate** Ⓕ › S. 59 reiht sich Sehenswürdigkeit an Sehenswürdigkeit. Von der High Street lohnt sich außerdem ein kurzer Abstecher zum **National Museum of Scotland** Ⓔ › S. 58, von dessen Dach man einen wunderschönen Ausblick genießt. Am Ende der Royal Mile, kurz vor dem **Holyrood Park,** › S. 59 passiert man das architektonisch interessante Gebäude des **Scottish Parliament** › S. 59, dessen Fassade viele Details aufweist.

Am Holyrood Park angekommen, besteigt man den Lothian Bus Nr. 6 zur **Princes Street** Ⓙ › S. 60 (Haltestelle The Mound), von deren westlichem Ende es nur ein kurzer Weg zum **Charlotte Square** Ⓘ › S. 60 ist, dem Inbegriff georgianischer Architektur und Westgrenze der **New Town** › S. 60, der man den zweiten Tag widmen kann.

Edinburghs Haupteinkaufsstraße ist die Princes Street mit den angrenzenden **Princes Street Gardens** › S. 60, die zum Verweilen einladen. Kunstliebhaber werden die **Scottish National Gallery** Ⓚ › S. 60 besuchen. Und es gibt kaum einen schöneren Blick auf Stadt und Schloss als vom Gipfel des **Calton Hill** Ⓛ › S. 60.

Nur wenig westlich des Calton Hill liegt Edinburghs Busbahnhof am St Andrews Square, etwas südwestlich der Bahnhof Waverley. Von beiden Stationen kann man die knapp einstündige Fahrt nach Glasgow antreten.

Auch in **Glasgow** › S. 65 liegen der Bahnhof Queen Street bzw. der Busbahnhof Buchanan Street sehr zentral. So ist es nur ein Katzensprung zum repräsentativen **George Square** Ⓐ › S. 65, und auch das Glasgow Information Centre in Nr. 170 Buchanan Street liegt in nächster Nähe. Viktorianische Pracht zeigen die Bauten am Platz, v. a. die **City Chambers** mit ihren Mosaikkuppeln und Prachttreppen. Um die Ecke befindet sich die neoklassizistische **Gallery of Modern Art.**

Glasgows architektonische Besonderheit sind jedoch die Bauten und Werke von Charles Rennie Mackintosh! Im Großraum Glasgow befinden sich nicht weniger als ein Dutzend herausragender Beispiele seiner Werke.

Royal Mile, Edinburgh

Einen ersten Eindruck vom Schaffen des Architekten und Designers erhält man beim Besuch der **Willow Tea Rooms** › S. 67. Von dort ist es nicht weit zum Gebäude der **Glasgow School of Art** G › S. 68, das Mackintosh als Sitz der Kunstakademie errichtete. Mackintosh-Fans nehmen dann die U-Bahn (bis Ibrox Station) oder den Bus (Linie 10, 38 ab Union Street) und besuchen das **House for an Art Lover** › S. 69. Ebenfalls sehr sehenswert ist das besucherfreundliche **Kelvingrove Art Gallery and Museum** › S. 68 mit 19 Hauptabteilungen im **Kelvingrove Park** H › S. 68.

Zum Shopping verführt Glasgows belebte Einkaufstraße **Bucha-**nan Street B › S. 65. Danach ist eine Pause auf dem **Glasgow Green** C › S. 66 am River Clyde wohltuend. Am Wochenende kann man noch **The Barras Market** › S. 66 nördlich des Parks besuchen, wo Schottlands größter Flohmarkt stattfindet. Kulturbeflissene führt die Glasgowtour zur **Glasgow Cathedral** D › S. 66, im 6. Jh. ursprünglich vom heiligen Mungo errichtet. An die Kathedrale grenzt der romantische Friedhof **Necropolis** E › S. 67 an.

Zwei Sehenswürdigkeiten, bei denen vor allem Kinder ihren Spaß haben, sind das Museumsschiff **Glenlee** › S. 69 am **River Clyde** sowie das moderne **Glasgow Science Centre** › S. 69.

Unterwegs in Edinburgh

In der Old Town

Edinburgh Castle A ⭐ [b4]

In den Mauern der eindrucksvollen Anlage steht das älteste erhaltene Bauwerk der Stadt, die **St Margaret's Chapel** (12. Jh.). Unterhalb befinden sich ein Tierfriedhof sowie die Riesenkanone **Mons Meg** (1457). Mo–Sa wird pünktlich um 13 Uhr ein Schuss abgefeuert, allerdings von der **One O'clock Gun** (1953).

Am Crown Square liegen die **Königsgemächer** *(royal apartments)* mit der winzigen Kammer, in der Maria Stuart den späteren Jakob VI. zur Welt brachte. Laich Hall (1617) zeichnet sich durch eine prächtige Renaissancedecke und Königswappen aus. Durch eine Reihe von mit lebensgroßen Figuren nachgestellten Szenen der Geschichte gelangt man zu den **Kronjuwelen**, den

SEITENBLICK

Portobello Beach

Den rund 1,6 km langen Sandstrand erreicht man vom Stadtzentrum mit den Bussen 2, 15 und 26 in rund 30 Min. Zur Blütezeit Ende des 19. Jhs. gab es dort einen Pier, einen Swimming Pool und einen Vergnügungspark. Heute kann man es sich auf der Strandpromenade mit Blick auf den Firth of Forth bei einem Eis oder Fish & Chips und Bier gutgehen lassen.

Honours of Scotland. Neben Krone, Schwert und Zepter (15./16. Jh.) hat auch der **Stone of Destiny** hier seinen Platz gefunden. Auf ihm wurden Schottlands Könige gekrönt.

Die **Prisons of War** und das **National War Museum** unterstreichen den militärischen Charakter der Burg (April–Sept. tgl. 9.30–18, Okt. bis März 9.30–17 Uhr).

Wenige Schritte vom Schlossportal entfernt, lernt man in **The Scotch Whisky Experience** bei einer Rundfahrt in einer Art Whiskyfass auf Schienen die Geschichte des Scotch kennen (www.scotchwhisky experience.co.uk).

Die Royal Mile

Vom Schloss erstreckt sich die Königliche Meile in gerader Linie fast genau eine Meile (1,6 km) bis zum Palace of Holyroodhouse (www. royal-mile.com).

Tour in Edinburgh & Glasgow

Tour ❶

Verlängertes Wochenende der Kontraste

Fortsetzung › S. 66

- Ⓐ Edinburgh Castle
- Ⓑ Castlehill
- Ⓒ Lawnmarket
- Ⓓ High Street
- Ⓔ National Museum of Scotland
- Ⓕ Canongate
- Ⓖ Palace of Holyroodhouse
- Ⓗ Our Dynamic Earth
- Ⓘ Charlotte Square
- Ⓙ Princes Street
- Ⓚ Scottish National Gallery
- Ⓛ Calton Hill
- Ⓜ Scottish National Portrait Gallery
- Ⓝ Royal Botanic Garden

Castlehill Ⓑ [b4]

Zu den ungewöhnlichen Bauten am Castlehill zählt **Cannonball House** – im Westgiebel steckt noch eine Kanonenkugel, die bei einer der unzähligen Belagerungen vom Schloss her abgefeuert worden sein soll.

An der Ecke gegenüber erhebt sich der **Outlook Tower** aus dem 17. Jh. mit der **Camera Obscura** auf dem Dach. Mit ihrer Hilfe kann man

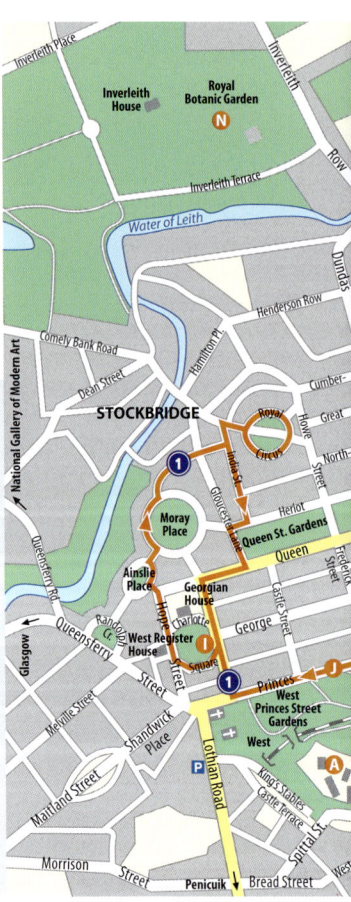

die neugotischen Steinmetzarbeiten in 70 m Höhe an **The Hub** gegenüber in Großaufnahme bewundern.

Lawnmarket ⓒ [c4]

Am Übergang vom Castlehill zum Lawnmarket trifft man auf die ersten umbauten Höfe und Sackgassen, die für die Altstadt typisch sind: **Milne's Court** und **James Court.** Als um 1700 die gegenwärtige Bebau-

ung entstand, gehörten die Wohnungen darin zu den gefragtesten in Edinburgh. **Gladstone's Land,** das ehemalige Heim des Tuchhändlers Thomas Gledstanes aus dem 17. Jh., ist üppig mit bemalten Holzbalkendecken und barocken Schnitzmöbeln ausgestattet (April–Okt. tgl. 10–17 Uhr).

Nebenan in Lady Stair's Close beherbergt das Lady Stair's House das

Im Inneren der High Kirk of St Giles

Writers' Museum – voller Andenken an Robert Burns, Walter Scott und Robert Louis Stevenson.

Gegenüber dem Museum ist **Brodie's Close,** nach dem 1788 gehenkten Deacon Brodie benannt – angeblich das Vorbild für Stevensons »Dr. Jekyll und Mr. Hyde«.

Den Spuren großer Autoren von einst und heute kann man bei **The Edinburgh Literary Pub Tour** folgen (Tel. 0800/169 7410, www.edinburgh literarypubtour.co.uk).

Heute schickt der schottische Erfolgsautor **Ian Rankin** den Detective Inspector John Rebus in Edinburgh auf Verbrecherjagd (z.B. in seinem neuesten Roman »Ein kalter Ort zum Sterben«, 2017).

High Street ❿ [c3/4]

Vom Lawnmarket her sieht man die eindrucksvolle **High Kirk of St Giles** mit ihrem kronenförmigem Turmaufsatz in die High Street hineinragen. Das Äußere der Kathe-

drale stammt – mit Ausnahme des Turms – aus dem 19. Jh., die frühesten Teile im Inneren datieren aus dem 14. Jh.

Die Kirche steht auf dem Parliament Square, dem einzigen Stück ebener Erde entlang der Royal Mile. Das **Parliament House** an der Südseite des Platzes besitzt sehenswerte Interieurs wie die Parliament Hall (Mo–Fr 8–17 Uhr). Gegenüber von St Giles ist der Eingang zu **The Real Mary King's Close**, wo man die schaurige Erfahrung des Stadtlebens zur Zeit der Pest machen kann.

Starke Nerven benötigt man auch bei Stadttouren von Mercat Tours um die Ecke (28 Blair Street, Tel. 0131/225 5445; www.mercattours. com). Das Unternehmen veranstaltet historische und Grusel-Führungen durch Edinburgh.

Von der High Street ist es nur ein kurzer Weg zum **National Museum of Scotland** ❺ [c4]. Es vereint die natur-, wissenschafts- und kunstgeschichtlichen Sammlungen des ehemaligen Royal Museum in viktorianischen Hallen und dem modernen Bau der Stararchitekten Benson & Forsyth (tgl. 10–17 Uhr, Eintritt frei, www.nms.ac.uk). Im Dachgeschoss bietet das Restaurant **The Tower** großartige Ausblicke und feinstes Essen (Tel. 0131/225 3003; www.tower-restaurant.com, €€€).

Die **Tron Kirk** an der Kreuzung High Street, North und South Bridge dient nicht mehr als Kirche; während der Sommermonate finden verschiedene Konzerte statt.

Etwas östlich der Tron Kirk hat das **John Knox's House** aus dem 16. Jh. die Zeit fast unverändert überlebt: Heute ist es ein Museum zum Andenken an den Reformator, der dort gewohnt haben soll. Ein Zentrum für schottisches Geschichtenerzählen ist angeschlossen (Mo bis Sa 10–18, Juli/Aug. auch So 12 bis 18 Uhr).

Zum **Museum of Childhood,** angefüllt mit unzähligen Puppen und Spielzeug, gelangt man durch eine der Gassen gegenüber.

Canongate F [d3]

Im ehemaligen Hofgefängnis **Canongate Tolbooth** rekonstruiert das **People's Story Museum** mit originalgetreu nachgestalteten Innenräumen, Fotografien und Alltagsobjekten die Sozialgeschichte Edinburghs aus der Sicht der Bevölkerung.

Gegenüber, im **Huntly House,** wird die Stadtgeschichte anhand von Kunsthandwerk und Dokumenten wie dem National Covenant illustriert.

Ein Durchgang bei Huntly House führt in einen der besterhaltenen Innenhöfe der Stadt, **Bakehouse Close. Lochend Close** schließt auch Panmure House ein, in dem der Nationalökonom Adam Smith bis zu seinem Tod 1790 wohnte.

Am Holyrood Park

Am Ostrand des großen Parks erhebt sich der **Palace of Holyroodhouse** G ★ [e3], die offizielle Residenz der Queen in Schottland. Zu besichtigen sind die State Apartments, die Gemäldegalerie und die Historic Apartments der Maria Stuart (kein Zutritt bei Anwesenheit von Mitgliedern der königlichen Familie, sonst April–Okt. tgl. 9.30 bis 16.30, Nov.–März bis 15.15 Uhr, jeweils letzter Einlass; www.royal collection.org.uk).

Das nunmehr seit 13 Jahren bestehende **Scottish Parliament Building** [d3] ist ein interessanter, jedoch umstrittener Bau. Architekt war der Katalane Enric Miralles (geöffnet Mo–Sa 10.00–17.00 Uhr; Führungen bis zu siebenmal tgl., Dauer 1 Std., Vorausbuchung unbedingt erforderlich: Tel. 0131/ 348 52 00; www.parliament.scot).

Multimedial und anschaulich vermittelt das Edutainment-Center **Our Dynamic Earth** H [d/e3] die Entstehungsgeschichte der Erde (tgl. 10–17.30, Juli/Aug. bis 18 Uhr; www.dynamicearth.co.uk).

Ein grandioser Panoramablick auf Edinburgh und Umgebung ist die Belohnung für den relativ anstrengenden Aufstieg vom Holyrood Park aus auf **Arthur's Seat.**

Edinburgh New Town ⭐

Charlotte Square ❶ [a3]

Der 1791 von Robert Adam entworfene Platz ist der Inbegriff schottischer Architektur georgianischen Stils. Im **Georgian House** (Nr. 7) ist die typische Einrichtung einer begüterten Familie aus der Entstehungszeit der Gebäude zu sehen (www.nts.org.uk).

Nördlich des Platzes, jenseits der Queen Street, liegt die Erweiterung der New Town aus dem 19. Jh. mit eleganten Plätzen und Wohnhäusern. Die individuelle Bebauung v. a. an **Moray Place** [a3] und **Royal Circus** [b2] bezeugt das Selbstbewusstsein des damaligen Bürgertums.

Bedeutende Werke des 20. Jhs., z. B. von Picasso, Matisse, deutschen Expressionisten und schottischen Meistern, zeigt die **Scottish National Gallery of Modern Art** (75 Belford Road, tgl. 10–17 Uhr, Eintritt frei).

Princes Street ❿ [a3–c3]

Entlang der Straße mögen die Geschäftsfassaden der Nordseite den Eindruck der georgianischen Architektur verwischen, aber die Parkanlage der **Princes Street Gardens** südlich mit dem **Scott Monument** und dem steilen Schlossfelsen sind höchst eindrucksvoll.

An der Ecke zur Straße The Mound öffnet sich ein großzügiger Platz. In den beiden von Säulen umgebenen und an antike Tempel erinnernden Bauwerken sind die **Royal Scottish Academy**, in der große

Wechselausstellungen stattfinden, und die **Scottish National Gallery** Ⓚ [b/c3] untergebracht. Die Gemäldesammlung gehört zu den bedeutendsten in Europa – neben Bildern von Raffael bis Rembrandt hängen hier wichtige Werke schottischer Maler (tgl. 10–17, Do bis 19 Uhr, Eintritt frei).

Öffnungszeiten

Soweit nicht anders angegeben, öffnen die städtischen Museen tgl. 10–17, Do bis 19 Uhr, der Eintritt ist frei; www.nationalgalleries.org.

Calton Hill ❶ [d2/3]

Der Hügel bietet einen großartigen Ausblick über die New Town und hinüber zur Burg. Oben stehen das Nelson Monument, das man für £ 4 erklimmen kann, die Gebäude des ehemaligen Königlichen Observatoriums und das unvollendete National Monument – 1825 als Denkmal zu Ehren Gefallener gedacht, sollte es den Parthenon von Athen imitieren.

Scottish National Portrait Gallery Ⓜ [c3]

In diesem Museum sind alle Porträts der Menschen zu sehen, die untrennbar mit der Geschichte Schottlands verbunden sind – von Maria Stuart bis Sean Connery. (tgl. 10–17, Do bis 19 Uhr, Eintritt frei).

Royal Botanic Garden Ⓝ [a/b1]

Nördlich des **Water of Leith**, des wichtigsten Wasserlaufs der Stadt, ⚠ erstreckt sich der botanische Garten (www.rbge.org.uk). Neben dem berühmten **viktorianischen Palmenhaus** lockt auch das **Inverleith House** Besucher an – ein georgianisches Landhaus von 1774, das für Ausstellungen genutzt wird. Das **Terrace Cafe** bietet wunderbare Ausblicke von der Terrasse.

Außerhalb des Zentrums

Die Gegend um **Leith,** Edinburghs Hafen im Nordosten der Stadt, ist in Mode gekommen. The Shore, das Ufer des Water of Leith, säumen einladende Restaurants und Pubs. Im Einkaufszentrum **Ocean Terminal** liegt die königliche Jacht **Britannia** als Museumsschiff vor Anker (April–Sept. 9.30–16.30, Okt. bis 16, Nov.–März 10–15.30 Uhr, stets letzter Einlass; www.royalyachtbritannia.co.uk).

Der **Edinburgh Zoo** gilt als besonders gelungene und kinderfreundliche Anlage. Berühmt ist die Pinguinparade um 14.15 Uhr (Corstorphine Road/A8; April–Sept. tgl. 9–18 Uhr, Okt., März bis 17, Nov.–Febr. bis 16.30 Uhr; www.edinburghzoo.org.uk).

Info

Edinburgh Information Centre
Unterkunftsnachweis, Karten, Stadtführer (auch auf Deutsch), Veranstaltungstipps, Ausflüge, Pässe für Sehenswürdigkeiten etc.
• 3 Princes Street (direkt am Hbf.)
 Edinburgh | EH2 2QP
 Tel. 0845/225 121
 www.visitscotland.com

Pinguinparade im Edinburgh Zoo

Stadtverkehr

• **Lothian Buses:** Tagesticket £ 4 (bitte passend bereithalten), www.lothianbuses.com.
• Seit Sommer 2014 verkehrt auch eine Trambahn vom Flughafen durch die Innenstadt zum York Place. Die Fahrt dauert 35 Min., £ 5,50 ab Flughafen, £ 1,60 im Innenstadtbereich, www.edinburghtrams.com.

Hotels

The Four Sisters Boatel €€€
❗ Luxuriös ausgestattetes Hausboot unweit der Innenstadt am Union Canal.
• Lochrin Basin | Edinburgh | EH3 9NY
 Tel. 07445/494 331
 www.thefoursisters.co.uk

Six Brunton Place €€€
Eines der besten B & B der Stadt. Besonders schön ist der Garden Room.
• 6 Brunton Place | Edinburgh | EH7 5EG
 Tel. 0131/623 6405
 www.sixbruntonplace.com

Ten Hill Place €€
Elegantes Townhouse in Universitäts-
nähe, mit kleinem Café.
• 10 Hill Place | Edinburgh | EH8 9DS
  Tel. 0131/662 2080
  www.tenhillplace.com

Edinburgh Central Youth Hostel €
Modernes Hostel mit Topservice; Einzel-,
Doppel- und Familienzimmer.
• 9 Haddington Pl. | Edinburgh | EH7 4AL
  Tel. 0131/524 2090 | www.syha.org.uk

Restaurants
The Balmoral €€€
❗ Erste Adresse für einen traditionellen
Afternoon Tea mit Champagner, Sand-
wiches und Scones.
• 1 Princes Street | Edinburgh | EH2 2EQ
  Tel. 0131/556 2414

The Witchery €€€
Schottische Spezialitäten und Spuk-
einlagen direkt unterhalb des Schlosses.
Sehr romantische Zimmer.
• Castlehill | Edinburgh | EH1 2NF
  Tel. 0131/225 5613
  www.thewitchery.com

Henderson's €
❗ Eines der ältesten vegetarischen
Restaurants in Großbritannien.
• 94 Hanover Street
  Edinburgh | EH2 1DR
  Tel. 0131/225 2605
  www.hendersonsofedinburgh.co.uk

Sugarhouse Sandwiches €
Das eher unscheinbare Café auf der
Royal Mile lädt zu köstlichen Sandwiches, Backwaren und Kaffee ein.
• 158 Canongate
  Edinburgh | EH8 8DD

Pubs
The Bow Bar
Pub mit hervorragender Bier- und
Whisky-Auswahl.
• Victoria Street/80 West Bow
  Edinburgh | www.thebowbar.co.uk

Royal Oak
Pub mit schottischer Livemusik und Ausgangspunkt für Inspektor-Rebus-Touren.
• 1 Infirmary Street | Edinburgh
  www.royal-oak-folk.com

Shopping
Jenners
Edinburghs Nobelkaufhaus: Schottisches
vom Tweed bis zur Marmelade.
• 48 Princes Street | Edinburgh

Greater Grassmarket
❗ Lokale Produkte, Kunsthandwerk und
Unterhaltungsprogramm (jeden Sa).
• 20 Haymarket Terrace | Edinburgh
  www.greatergrassmarket.co.uk

Anta Scotland Ltd.
Alles Erdenkliche mit Tartanmuster, vom
Vorhangstoff bis zum Essgeschirr.
• 119 George Street | Edinburgh
  www.anta.co.uk

Nightlife
Traverse Theatre
Theater mit sehr beliebter Bar.
• 10 Cambridge Street | Edinburgh
  www.traverse.co.uk

Festivals und Events
Neben den großen Kulturfestivals › **S. 63,
64** u.a.: **International Harp Festival**
und **International Science Festival**
(beide April), **Edinburgh Marathon**
(Mai), **Royal Highland Show** (Juni).

Jeden Sommer Festival

Jeden Sommer wird Edinburgh zum Schauplatz des weltgrößten Kulturfestivals. Kenner erzählen von dem immerwährenden Gefühl, man könne gleich um die nächste Ecke eine noch aufregendere Veranstaltung verpassen. Das stimmt auch meistens, und es gehört zum Spaß des Festivals, sich zu einem bis dato nicht geplanten Besuch einer weiteren Matinee oder eines Spätkonzerts verführen zu lassen.

Im Kulturrausch

Edinburgh veranstaltet keineswegs ein einziges großes Fest. Im Sommer locken alljährlich gleich sechs wichtige Festivals: Neben dem eigentlichen **International Festival** (2017: 4. bis 28. August), das inzwischen über 170 Vorstellungen international führender Theater-, Opern-, Tanz- und Musikensembles anbietet, gehören dazu das **Festival Fringe** (drei Wochen im August), das **Edinburgh Jazz and Blues Festival** (zehn Tage im Juli), das **International Book Festival** (zwei Wochen im August) mit Lesungen, literarischen Symposien und Autorenworkshops, das **International Film Festival** (zwei Wochen im Juni) – es gilt heute als wichtigstes Filmfestival Großbritanniens – und das Musikfestival **Edinburgh Military Tattoo,** das seit 1950 auf der Esplanade vor dem Castle stattfindet. Vom 4. bis zum 28. August 2017 ertönen dort *pipes and drums* und andere musikalische Darbietungen – keineswegs mehr nur militärischer Natur.

Komödianten auf dem Festival Fringe

Das Festival Fringe

Ursprünglich ein Anhängsel des International Festival mit Auftrittsmöglichkeiten für freie Theatergruppen, hat sich das Edinburgh Festival Fringe inzwischen zur eigenständigen Attraktion gemausert. Das Programm wächst stetig: Im Jahr 2016 umfasste es 50 266 Aufführungen im Rahmen von 3269 Shows mit Künstlern aus 48 Ländern an 294 Spielstätten – vom Jongleur und Pantomimen bis hin zur vielköpfigen Theatergruppe. Beim Fringe ❗ treten alle Akteure kostenlos auf, freuen sich aber über einen Obolus der Zuschauer.

Ein ganz besonderes Abenteuer

Auch wenn die Stadt im August voller als sonst ist, findet sich immer noch ein nettes B & B, ein Platz an der Pubtheke oder in einem der vie-

len Restaurants. Und selbst Tickets für interessante Veranstaltungen sind noch zu ergattern – allein die außergewöhnliche Atmosphäre lohnt den Besuch. Die Museen und Kunstgalerien bieten zudem meist Sonderausstellungen und sind länger geöffnet (www.nationalgalleries.org und www.cac.org.uk).

Wichtige Festivaladressen

- **Edinburgh International Festival**
Tel. 0131/473 2000
www.eif.co.uk
- **The Hub**
The Hub ist das Zentrum der Festspiele, neben Kartenvorverkauf und Festivalbüros gibt es auch ein Café.
Castlehill
www.thehub-edinburgh.com
- **The Edinburgh Festival Fringe**
Tel. 0131/226 0026
www.edfringe.com
- **Edinburgh Jazz and Blues Festival**
Tel. 0131/467 5200
Tickethotline: 0131/473 2000
www.edinburghjazzfestival.com
- **Edinburgh International Book Festival**
Tel. 0845/373 5888
www.edbookfest.co.uk
- **Edinburgh International Film Festival**
Tel. 0131/228 4051
Tickethotline: Tel. 0131/623 8030
www.edfilmfest.org.uk
- **Edinburgh Military Tattoo**
Tel. 0131/225 1188
www.edintattoo.co.uk

Über alle Festivals rund ums Jahr informiert die Website www. edinburghfestivalcity.com.

Unterwegs in Glasgow

Im Zentrum

Der viktorianisch geprägte **George Square** Ⓐ **[d2]** mit seinen vielen Statuen zeugt von Glasgows verblichener Blütezeit: Neben der alles überragenden Figur von Sir Walter Scott auf seiner 24 m hohen Säule findet man unter anderem Bildnisse des Dichters Robert Burns, des Publizisten Thomas Campbell, des Ingenieurs James Watt – und natürlich auch von Queen Victoria und Prinz Albert.

Die gesamte Ostseite des Platzes nehmen die monumentalen **City Chambers [d2/3]** ein, die das Flair italienischer Renaissance vermitteln. Die Fassaden sind bewusst unterschiedlich in Anlehnung an venezianische und römische Vorbilder gehalten (nur 45-minütige Führungen Mo–Fr 10.30 und 14.30 Uhr, Voranmeldung nicht notwendig).

Um Buchanan Street Ⓑ [d2–c3]

Die Geschäfte auf der z. T. als Fußgängerzone angelegten Buchanan Street machen Glasgow zum Shoppingparadies. Einen kulturellen Akzent setzt die in einem neoklassizistischen Gebäude untergebrachte **Gallery of Modern Art** mit innovativen Ausstellungen junger schottischer Kunst (Queen St., Eintritt frei).

Shopping

- Neben dem Kaufhaus **Frasers,** dem Shoppingcenter **Buchanan Galleries** und dem Kiltausstatter **Hector Russell – RG Lawrie** vereint das Einkaufszentrum **Princes Square** elegante und trendige Läden.
- Am Südende der Straße trifft man auf die 1827 erbaute **Argyll Arcade** mit ihren Juweliergeschäften.
- Jenseits der Argyle Street liegt das **St Enoch Shopping Centre.**

Blick auf die Altstadt von Glasgow

• Die schmalen Straßen östlich des St Enoch Shopping Centre (Parnie Street, King Street) bilden ein kompaktes Viertel voller **Kunstgalerien**, **Kramläden** und **Antiquariate**.

Glasgow Green **C** [d3–e4]

Entlang dem Clyde-Ufer kann man vorbei am früheren Fischmarkt bis hin zum Glasgow Green schlendern. Ehemals eine Weide, wurde das Gelände ab 1817 in die heutige Grünanlage umgestaltet. Der **People's Palace** mitten im Park, 1893–1898 »für die Erholung und Bildung der Bevölkerung des Glasgower East End« erbaut, bietet heute Ausstellungen zur Sozialgeschichte der Stadt – Frauenwahlrecht und Gleichberechtigung, Arbeiterbewegung, der Alltag während der Weltkriege, Glasgow Style, Punk (Mo geschl.). Beliebt ist das Café im riesigen **Wintergarten** aus Gusseisen und Glas.

Shopping

Nördlich des Parks, zwischen London Road und Gallowgate, liegt Schottlands

größter Flohmarkt: **The Barras Market**, ❗ eine Glasgower Institution, nimmt das ganze Viertel ein. Sa/So 10–17 Uhr.

Rings um die Kathedrale [e2]

Der Anblick der **Glasgow Cathedral** **D** aus der Zeit der englischen Frühgotik des 13. Jhs. am oberen Ende der High Street wird durch den benachbarten riesigen Krankenhauskomplex des Royal Infirmary etwas getrübt. In der Krypta der Kathe-

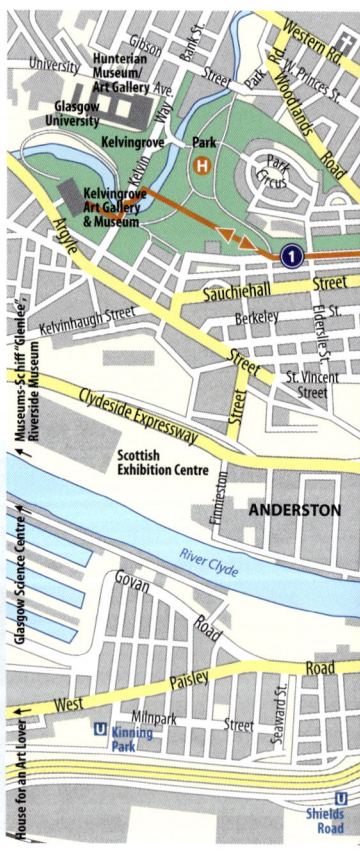

Tour in Edinburgh & Glasgow

Tour ❶

Verlängertes Wochenende der Kontraste

Fortsetzung von S. 56

Fortsetzung von S. 56

- **A** George Square
- **B** Buchanan Street
- **C** Glasgow Green
- **D** Glasgow Cathedral
- **E** Necropolis
- **F** Provand's Lordship
- **G** Glasgow School of Art
- **H** Kelvingrove Park

drale, der bedeutendsten schottischen Kirche dieser Zeit, finden sich Reste noch älterer Sakralbauten (April–Sept. 9.30–17.30, So ab 13, Okt.–März nur bis 16 Uhr).

Die nach dem Vorbild des Pariser Friedhofs Père Lachaise angelegte **Necropolis** auf dem Hügel hinter der Kathedrale ist eine wahre Totenstadt aus grauem Stein im schmuckverliebten Stil des 19. Jhs.

Provand's Lordship gegenüber der Kirche, ein 1471 errichtetes

Pfarrhaus und ältestes Haus in Glasgow, dient heute als stadthistorisches Museum (Mo geschl.).

Auf den Spuren von Mackintosh ⭐

Der Name des 1868 geborenen Charles Rennie Mackintosh, führender Architekt und Designer des europäischen Art nouveau, ist untrennbar mit Glasgow verbunden. Die von ihm in Lila und Silber gestalteten **Willow Tea Rooms [c2]** (217 Sauchie-

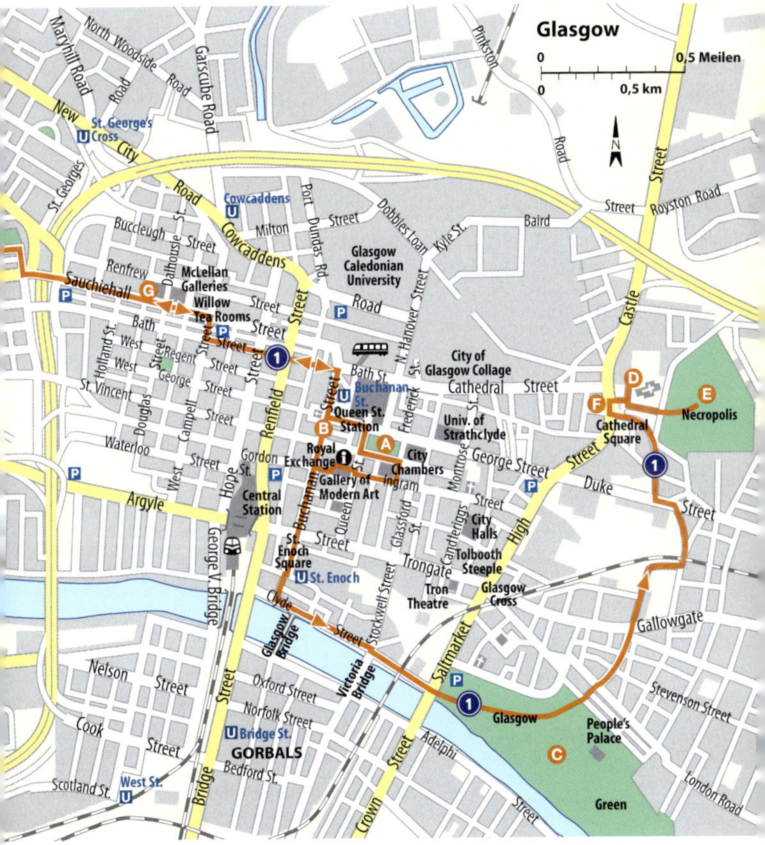

Kelvingrove Art Gallery and Museum

hall Street) bieten ein einzigartiges Ambiente für einen köstlichen Afternoon Tea. **50 Dinge** ㉞ › **S. 16**.

In der Renfrew Street steht sein Hauptwerk, die **Glasgow School of Art** ⓖ **[c2]**. An der älteren Ostseite des Baus sind Elemente wuchtiger schottischer Burgenarchitektur zu erkennen. Die Längsfassade mit dem Haupteingang macht einen vergleichsweise aufgelockerten Eindruck, der 1907 entworfene Westflügel wirkt sehr modern. Der 2014 durch einen Brand schwer beschädigte Bau wird derzeit restauriert; deshalb sind die Innenräume einschließlich der Bibliothek nicht zugänglich. Die 45-minütige Führung ist dennoch lohnend (£ 7, Reservierung empfohlen, www.gsa.ac.uk).

Kelvingrove Park ⓗ [a1]

Am Rand des Parks wohnten Mitte des 19. Jhs. die tonangebenden Glasgower Familien, die sich hierher ihren Kunsttempel setzten:

Kelvingrove Art Gallery and Museum, das meistbesuchte Museum in Schottland. Die gut verständliche, thematische Präsentation spricht jeden an, Kinder interessieren sich v. a. für das Ceratosaurier-Skelett. »Mackintosh and the Glasgow Style« bildet einen weiteren Schwerpunkt. Highlights sind auch Salvador Dalís »Christ of St John of the Cross« und die im West Court schwebende Spitfire.

Folgt man der Straße Kelvin Way nordwärts durch den Park, gelangt man auf den viktorianischen Campus der **University of Glasgow**. Zur

SEITENBLICK

Mackintosh-Touren

Auf der Webseite der Charles Rennie Mackintosh Scociety können Architekturinteressierte drei PDFs mit thematischen Spaziergängen herunterladen. Die Touren haben eine Länge von ca. 1,5 Stunden und legen einen besonderen Fokus auf die Bauwerke von Mackintosh (www.crmsociety. com/mackintoshwalks.aspx).

Uni gehört auch das **Hunterian Museum**, das auf den Kuriositäten-, Fossilien- und Münzsammlungen von William Hunter basiert. Auch die Gemälde- und Grafiksammlung **Hunterian Art Gallery and The Mackintosh House** geht auf Hunter zurück und zeigt u. a. Werke von Whistler, Cézanne, Picasso, Kandinsky und Warhol (jeweils Di–Sa 10–17, So 11–16 Uhr, Eintritt frei).

Am River Clyde

Ähnlich wie London die Themse hat Glasgow den Clyde als Teil seiner Identität wiederentdeckt. Gleich westlich des Exhibition Centre ankert der 1896 am Ort erbaute Frachtsegler **Glenlee** als Museumsschiff »The Tall Ship« im Hafen (tgl. Feb.–Okt. 10–17, Nov.–Jan. 10 bis 16 Uhr). Gleich nebenan befindet sich das imposante **Riverside Museum**, das die Sammlung des ehemaligen Museum of Transport zeigt, darunter viele alte Autos aus schottischer Produktion (Eintritt frei, www.glasgowlife.org.uk).

Am südlichen Clyde-Ufer vis-à-vis fordert das **Glasgow Science Centre** zu einer interaktiven Entdeckungsreise durch die Naturwissenschaften auf. Unübersehbar gehört der schwindelerregend hohe, filigrane Glasgow Tower zum futuristischen Komplex mit IMAX-Kino (tgl. 10–17, Nov.–Ostern Mi–Fr 10 bis 15, Sa/So bis 17 Uhr, www.glasgowsciencecentre.org).

Info

Glasgow Information Centre
• Gallery of Modern Art | G1 3AH
  Tel. 0845/859 1006
  www.visitscotland.com

SEITENBLICK

Kunst im Grünen

Für eine alte Industriestadt verfügt Glasgow über erstaunlich viele Grünflächen, und mancher Park beherbergt schöne Kunst:

So liegen im 147 ha großen Pollok Park südöstlich des Stadtzentrums zwei bedeutende Museen. Die **Burrell Collection** in ihrem preisgekrönten modernen Gebäude beherbergt wertvolle Gegenstände aus dem Besitz des Reedereimagnaten Charles Burrell: chinesische Keramik, Antiquitäten aus dem Mittelmeerraum, persische Teppiche und Kunsthandwerk des europäischen Mittelalters (zurzeit wegen Renovierung geschlossen). Im **Pollok House,** dem Herrenhaus der Familie von Mrs. Anne Maxwell Macdonald, ist eine Sammlung exquisiter Gemälde, u. a. von El Greco, Murillo und Goya zu bewundern (tgl. 10–17 Uhr, www.nts.org.uk).

Ein Höhepunkt des Mackintosh Trail ist das **House for an Art Lover,** erst 1996 nach Plänen des Jugendstilmeisters aus dem Jahr 1901 erbaut. In dem bis ins Letzte durchgestylten Wohnhaus wird der Anteil von Mackintoshs Frau Margaret am Werk besonders deutlich (10 Dumbreck Road, G41 5BW, Tel. 0141/353 4770; April–Sept. Mo–Mi 10–16, Do–So 10–13 Uhr; Öffnungszeiten Okt. bis März telefonisch erfragen, www.houseforanartlover.co.uk).

Über die **Museen** der Stadt informiert www.glasgowlife.org.uk. Reguläre Öffnungszeiten sind Mo–Do, Sa 10–17, Fr, So 11–17 Uhr.

Stadtverkehr

Neben den lizenzierten **Taxis** und orangefarbenen städtischen **Bussen** gibt es eine **Ring-U-Bahn** an der Peripherie der Innenstadt. Infos in der **Buchanan Bus Station** (www.spt.co.uk).

Hotels

Hotel du Vin Glasgow €€€

Schickes Haus, das schon zahlreiche Auszeichnungen eingeheimst hat. In jeder Hinsicht hohes Niveau.
• 1 Devonshire Gdns. | Glasgow G12 0UX | Tel. 0141/378 0385 www.hotelduvin.com

15 Woodside €€€

Nobles B & B Boutiquehotel in einem makellos renovierten viktorianischen Townhouse von 1834, mit besonders großen eleganten Zimmern.
• 15 Woodside | Glasgow | G3 7QL Tel. 0141/332 1263 http://15glasgow.com

Zimmer im Hotel du Vin Glasgow

The Brunswick Hotel €€

Zentral gelegenes Hotel mit minimalistischem Design und kühnen Farben, ideal für Nachtschwärmer.
• 106–108 Brunswick Street | Glasgow G1 1TF | Tel. 0141/552 0001 www.brunswickhotel.co.uk

Acorn Hotel €€

Kleines freundliches Boutiquehotel mit 18 Zimmern nördlich der Sauchiehall Street im Stadtteil West End.
• 140 Elderslie Street | Glasgow G3 7AW | Tel. 0141/332 6556 www.acorn-hotel.com

Restaurants

Stravaigin €€€

Ein absolutes Toprestaurant, aber nicht hochgestochen; Varianten schottisch-kontinentaler Küche.
• 28 Gibson Street | Glasgow | G12 8NX Tel. 0141/334 2665 www.stravaigin.com

Café Gandolfi €€

Café-Bistro-Klassiker vom Frühstück bis zum Abendmenü. Deko mit Buntglasfenstern und Holztäfelung.
• 64 Albion Street | Glasgow | G1 1NY Tel. 0141/552 6813 www.cafegandolfi.com

Pubs

• Gute Pubs und Esslokale (teils unter einem Dach, viele mit Livemusik) findet man im Stadtteil **West End**, insbesondere in der **Woodlands Road,** der **Byres Road** und der **Ashton Lane.**
• Aus den unzähligen Pubs Glasgows herausgegriffen sei das **Blackfriars** (36 Bell Street), eine Kneipe mit allem,

was man von einem guten Pub erwartet: Livemusik, Livecomedy, anständiges Essen und gutes Bier.

- Auch im **Babbity Bowster** (16 Blackfriars Street) geht es sehr fröhlich zu.

Nightlife

Tron Theatre

Höchst angesehenes Theater, dessen Restaurant einen extra Familienbereich und gutes Essen bietet (€); auch nette Theaterbars. Tgl. ab 10, So ab 11 Uhr.

- 63 Trongate | Glasgow | G1 5HB
  www.tron.co.uk

Ausflüge ab Glasgow

Loch Lomond and the Trossachs National Park [C8]

Die romantische Berg- und Seenlandschaft der Trossachs, Schottlands erstem Nationalpark, liegt vor Glasgows Haustür. Mit Bus und Bahn ist man in einer Stunde in der Natur. Tor zum Park ist der moderne Großkomplex **Loch Lomond Shores** in Balloch am Südende des Sees (www.lochlomondshores. com) mit Besucherzentrum, Einkaufspassage und dem **Loch Lomond Aquarium**. Otter, Haie, Rochen & Co. lernt man u. a. in dem spektakulären Unterwassertunnel kennen (tgl. 10–16 Uhr/ letzter Eintritt).

Info

National Park Headquarters

- Loch Lomond Shores | Balloch
  Tel. 01389/722 600
  www.lochlomond-trossachs.org

Hotel

Fascadail House €€

Das wunderhübsche B & B in einem historischen Gebäude wartet mit schottischem Charme im malerischen Örtchen Arrochar auf.

- Arrochar
  Dunbartonshire | G83 7AB
  Tel. 01301/702 344
  www.fascadail.com

Aktivitäten

- Für Aktive gibt es ein breites Angebot: **Lehrpfade, Wanderwege** ebenso wie **Bootsrundfahrten** (www.loch lomond-scotland.com) und **Rundflüge mit dem Propellerflugzeug** (www.lochlomondseaplanes.com). **50 Dinge** ⑳ › S. 14.
- Wer das Naturerlebnis sucht, findet unter www.canyouexperience.com geführte **Touren mit Kanu, Mountainbike oder zu Fuß** sowie einen Ausrüstungsverleih und Powerkite-Kurse.
- Die **Nationalparkranger** bieten kostenlose Ausflüge zu Naturthemen und geben Tipps für Unternehmungen.

Arran [B9] und Bute [B/C8]

Auch die Hebrideninseln Arran (www.visitarran.net) und Bute (www.visitbute.com) sind geschätzte Ausflugsziele der Glaswegians, bequem mit Bahn, Bus und Schiff zu erreichen.

Die Hauptorte, **Brodick** auf Arran und **Rothesay** auf Bute, und die beliebten Küsten sind an Wochenenden und in den Sommerferien sehr gut besucht, aber die wahrhaft schöne Landschaft entschädigt für Warteschlangen am Fährhafen und die endlosen Ferienhaussiedlungen.

DER SÜDEN

Kleine Inspiration

- **Einen ausgedehnten Spaziergang** zu Scott's View machen › S. 78
- **Im Landsitz Bowhill** mit der ganzen Familie Spaß haben › S. 78
- **Feine Kaschmirartikel** günstig in Hawick kaufen › S. 79
- **In Robert Burns' Lieblingspub,** dem Globe Inn in Dumfries, ein Bier trinken › S. 81
- **Die zwei Gärten und zwei Leuchttürme** der Rhinns of Galloway besuchen › S. 84

Edinburgh

Burgen und Abteiruinen prägen die Borders-Region an der Grenze zu England, Dichter und Kunstsammler haben ihre Spuren hinterlassen. Auch Wanderer und Radfahrer lieben die sanfte Hügellandschaft Südschottlands.

Radikale landschaftliche Veränderungen werden Reisende vermissen, wenn sie von England nach Südschottland fahren. Die sanfte Hügellandschaft, die sie empfängt, wandelt sich erst nach Westen hin, in der Region Dumfries & Galloway. Den östlichen Teil Südschottlands nimmt die Borders-Region ein, das Grenzgebiet zu England.

Unzählige Festungs- und Abteiruinen zeugen von den Auseinandersetzungen zwischen Engländern und Schotten in früheren Zeiten. Um 1800 aber trugen sie ganz wesentlich zur romantischen Inspiration für zwei der berühmtesten schottischen Dichter bei. Beide ließen sich im Süden Schottlands nieder – Robert Burns verbrachte seine ersten Lebensjahre in und um Ayr, seine letzten in Dumfries. Bei Melrose in den Borders lebte der Schriftsteller Sir Walter Scott, der mit Werken wie »Ivanhoe« oder »Rob Roy« zu Weltruhm gelangte.

Der Süden Schottlands ist bei Besuchern weniger bekannt, denn sie verkennen oft die Schönheit der Landschaft. Doch wer sich für die Region Zeit nimmt, etwa bei Radtouren oder ausgedehnten Spaziergängen, dem erschließt sich der Landstrich mit seinen Schätzen.

Tour in der Region

 Tour 2

Abteiruinen & die Hügel der Lammermuirs

Route: Melrose › Selkirk › Hawick › Jedburgh › Dryburgh › Melrose › Duns › Kelso › Melrose

Karte: Seite 74
Dauer: 2 Tage
Praktische Hinweise:
• Für die Borders und die Region Dumfries & Galloway bietet

Historic Scotland jeweils einen Regional Explorer Pass an, mit dem man freien Eintritt zu vielen Sehenswürdigkeiten erhält. Informationen unter www.historic environment.scot.

Tour-Start:

Ausgangspunkt der Tour ist die Borders-Stadt **Melrose** **1** › S. 77, die hauptsächlich für ihre **Abteiruine**

Sweetheart Abbey

Arrochar

Loch Lomond & The Trossach Nat. Park

Loch Lomond

Stirling

Grangemouth

Helens-burgh
Balloch
Bonnybridge
Falkirk
M9
Linlithgow

Dunoon
Alexandria
Bonhill
Cumber-nauld
Armadale

Gourock
Dumbarton
Coat-bridge
Airdie
M8
Withburn

Greenock
6
82

Skelmorlie
Paisley
GLASGOW
Clyde
Motherwell

Rothesay
Largs
78
Barrhead
East Kilbride
Hamilton
Carluke

Victorian Fernery
Millport
West Kilbridge
M77
Strathaven
Lanark
Carnwath

Bute

Kilwinning
New Lanark
20

Ardrossan
Irvine
Kilmarnock
71
Falls of Clyde

Saltcoats
78
Douglas Mill

Brodick
Troon
77
Mauchline
Ayr
M74

Firth of Clyde

Arran
Ayr
19
Muirkirk

Culzean Castle
18
New Cumnock
Green Lowther 732

Maybole
Dalmellington

Ailsa Craig
Girvan
Alhang 640
Tornhill

Loch Doon
76

Galloway
Merrick
843
Forest Park
Moniaive

Larne (Nordirland)
Douglas (Isle of Man)

Ballantrae
Pinwherry
77
Clatteringshaws Loch
713
Dumfries
12

Crocketford
Sweetheart Abbey
13

Kirkcolm
Carnryan
New Galloway
Loch Ken
New Abbe

The Rhinns of Galloway

Castle Kennedy Gardens
16
75
Newton Stewart
Castle Douglas
Dalbeattie

Stranraer
Glenluce
Wigtown
Cairnholy
15
Gatehouse of Fleet
75
Dee

Portpatrick
17
Kirkcud-bright
14
Auchencairn

Sandhead
Logan Botanic Garden
Whithorn

Drummore

Mull of Galloway

74

Karte
S. 74

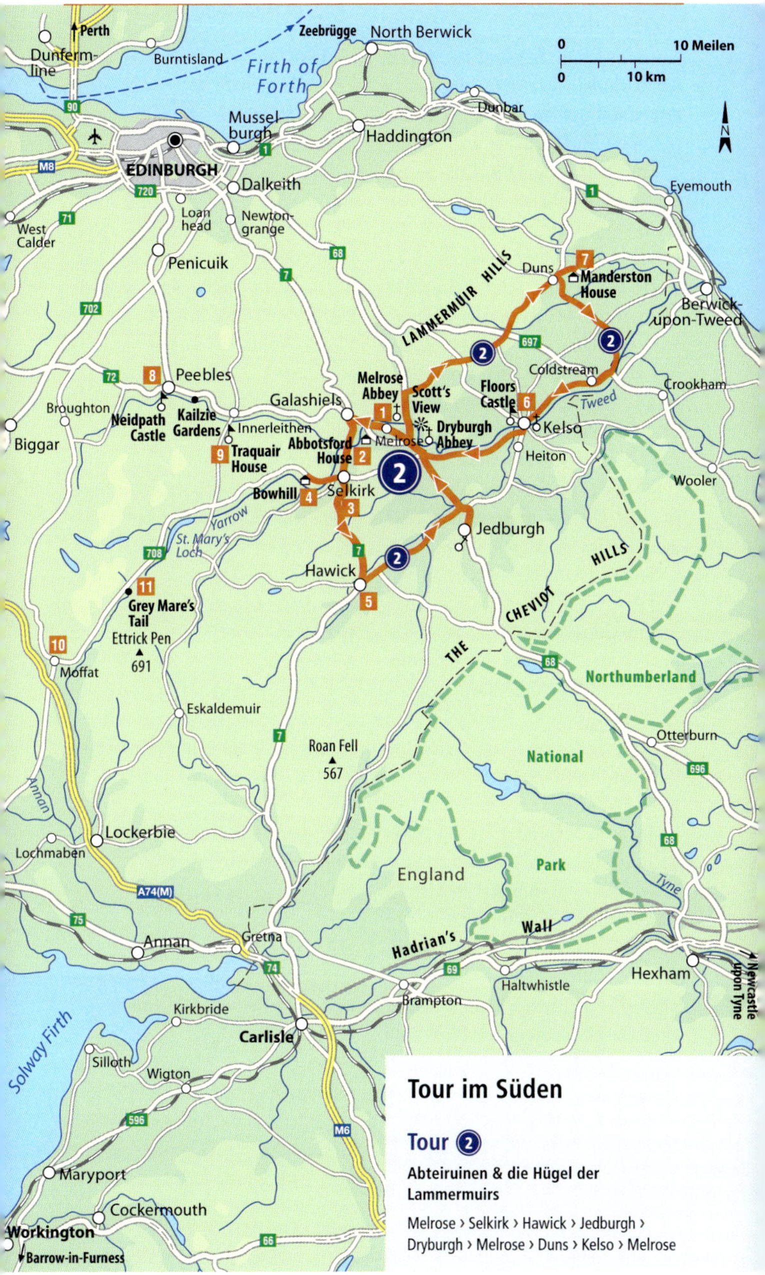

Tour im Süden

Tour 2

Abteiruinen & die Hügel der Lammermuirs

Melrose › Selkirk › Hawick › Jedburgh › Dryburgh › Melrose › Duns › Kelso › Melrose

aus dem 12. Jh. bekannt ist. Neben ihr befindet sich der ummauerte **Priorwood Garden,** dessen Apfelblüte v. a. im Mai Besucher anzieht.

Von Melrose aus führt die Route zuerst in westlicher Richtung, wo etwas abseits der A 7 der prunkvolle Landsitz **Abbotsford House** **2** › **S. 77** steht. Sir Walter Scott kam 1812 hierher und ließ das jetzige Haus ab 1817 errichten. Der Garten der Anlage lädt zum Verweilen ein. Weiter geht es Richtung Süden auf der A 7 in das gemütliche Städtchen **Selkirk** **3** › **S. 78**, auf dessen Marktplatz eine Statue von Scott zu bewundern ist. Der Dichter hatte damals dort das Amt des Sheriffs (Richters) inne.

Selkirk ist Ausgangpunkt für einen Abstecher zum viktorianischen Prachtschloss **Bowhill** **4** › **S. 78**, das mit seinem riesigen Landschaftspark inklusive Abenteuerspielplatz ein Ausflugsziel für Familien ist. Im Schloss sind Bilder von Canaletto, Raeburn und Gainsborough sowie wertvolle Möbel und Porzellan aus Meißen zu bewunden. In südlicher Richtung geht die Tour weiter in die lebendige Textilstadt **Hawick** **5** › **S. 79**, wo man sich mit ausgezeichneten Kaschmirwaren zu Fabrikpreisen eindecken kann. Die Rückfahrt in Richtung Melrose führt zuerst nach **Jedburgh** › **S. 79**, dessen beeindruckende **Abteiruine** vom Ende des 12 Jhs. bis auf das fehlende Dach noch fast vollkommen intakt ist. Von der kurz vor Melrose am Tweed gelegenen **Dryburgh Abbey** › **S. 79**, die mehrmals niedergebrannt wurde, sind hingegen nur noch die Ruinen und der Friedhof

zu besichtigen. In Melrose ist es Zeit, die vielfältigen Eindrücke in Ruhe im Hotel noch einmal Revue passieren zu lassen.

Frisch gestärkt begibt man sich am nächsten Morgen zum knapp 9 km östlich von Melrose gelegenen **Scott's View** › **S. 78**. An seinem Lieblingsaussichtspunkt ließ sich der Dichter Sir Walter Scott oft für seine Werke inspirieren. Hat man den grandiosen Ausblick genossen, geht es weiter entlang den Lammermuir Hills in Richtung Nordsee. Wer ein bisschen Zeit hat, sollte in die stillen Nebenstraßen abbiegen, die durch enge Talsohlen zwischen Hochmoorhügeln führen. Am Südrand des Örtchens Duns steht **Manderston House** **7** › **S. 79**, das zu den schönsten edwardianischen Landhäusern zählt. Nach der Besichtigung und einem Gang durch den für seine Rhododendronpracht berühmten Garten geht es zurück gen Westen. Vielleicht hat man Zeit für einen ausgedehnten Spaziergang über die Heidelandschaft der Lammermuirs, bevor in **Kelso** **6** › **S. 79** ein von georgianischen Häusern umstandener malerischer Marktplatz und die Ruine der 1128 gegründeten Abtei zu bewundern sind. Von Kelso führt ein beschaulicher halbstündiger Spaziergang zu **Floors Castle** › **S. 79**, dem angeblich größten noch bewohnten Schloss in Schottland. Das frühgeorgianische Herrenhaus von 1721 mit weitläufigem Park wurde Mitte des 19. Jhs. mit Türmchen und Zinnen aus der Tudorzeit verziert. Die Tour endet wieder in Melrose.

Unterwegs im Süden

Melrose **1** [E9]

Die Stadt ist vor allem für ihre **Abteiruine** ⭐ mit schönen Steinmetzarbeiten bekannt, darunter filigrane
Darstellungen der schottischen Dis-
tel (April–Sept. tgl. 9.30–17.30 Uhr,
Okt.–März 10–16 Uhr, letzter Einlass jeweils 30 Min. vorher).

Neben der 1136 als Zisterzienser-
kloster gegründeten Anlage in romantischer Umgebung liegt **Priorwood Garden.** Hinter hohen Mauern
verbirgt sich hier ein ❗ wunderbarer Garten, der auf Blumen und
Pflanzen zum Trocknen und Pres-
sen ausgerichtet ist; im Laden wird
selbst gemachtes Apfelgelee verkauft, denn im Obstgarten gedeihen
v. a. alte Sorten. (Garten und Shop:
Ostern–Weihnachten Mo Sa 10 bis
17, So 13–17, Nov–März Mo–Sa
10–16 Uhr).

Hotels

Burts Hotel €€€
Schmucke Zimmer, gemütlicher Pub und
ein sehr gutes Restaurant.
• Market Square | Melrose | TD6 9PN
Tel. 01896/822 285
www.burtshotel.co.uk

The Old Bank House €
Nettes B & B im Zentrum von Melrose
mit individuellen Zimmern.
• 27 Buccleuch Street | Melrose
TD6 9LB | Tel. 01896/823 712
www.oldbankhousemelrose.co.uk

Ausflüge ab Melrose

Abbotsford House **2** [E9]

Sir Walter Scott ließ den Landsitz
etwas westlich von Melrose nach eigenen Plänen bauen und verbrachte

Abbotsford House

hier die letzten 20 Jahre seines Lebens. Romantisch wirkt das unverändert erhaltene Haus – vom pseudomittelalterlichen Gepränge in der Eingangshalle bis zur Bibliothek mit vielen wertvollen Bänden aus Scotts Sammlung. Man kann sich gut vorstellen, wie Scott dort und im Studierzimmer arbeitete. In Abbotsford entstanden z. B. die Romane »Waverley«, »Ivanhoe« und »Rob Roy«, oft in großer Eile – Scott bezahlte seinen Ehrgeiz, als Landedelmann zu gelten, mit ständiger Geldnot. Nach umfangreichen Renovierungsarbeiten ist das Gebäude wieder zugänglich (März–Sept. tgl. 10–17, Okt./Nov. bis 16 Uhr; www.scottsabbotsford.co.uk).

Scott's View

Wenige Kilometer östlich von Melrose bietet der schönste Aussichtspunkt in den Borders auf 181 m Höhe inmitten von duftenden Ginsterbüschen einen zauberhaften Blick auf den Fluss Tweed und die sanfte Wiesenlandschaft. Hier war der Lieblingsplatz von Sir Walter Scott, wo er seinen Blick und die Gedanken weit schweifen lassen konnte.

Den Horizont dominieren die drei Gipfel des rund 420 m hohen Eildon Hill. Über die A 68 und B 6356 bei Bemersyde gelangt man zum Bermersyde House. Dort kann man parken und den kurzen Aufstieg beginnen.

Selkirk ⬛3 [E9]

Auch in dem netten Städtchen, gut 10 km südlich von Melrose, stößt

man auf das Andenken von Sir Walter Scott. Seine Statue steht prominent auf dem Marktplatz vor **Sir Walter Scott's Courtroom.** In dem ehemaligen Rathaus und Gerichtsgebäude sprach der Schriftsteller seinerzeit als Sheriff Recht (März, April, Sept. Mo–Fr 10–16, Sa 11 bis 15 Uhr, Mai–Aug. Mo–Sa 11–15, Okt. 12–15 Uhr).

Bowhill ⬛4 [E9]

Gleichermaßen Vergnügen für Kinder und Genuss für Kunstfreunde jeden Alters bietet der Landsitz Bowhill. Das Anwesen aus dem 18. Jh. gehört den Herzögen von Buccleuch, die als reichste Grundbesitzer Schottlands gelten. Neben der berühmten Sammlung von Porträtminiaturen sind bedeutende Gemälde von Raeburn, Gainsborough, Canaletto, da Vinci u. v. a. zu besichtigen, dazu Louis-quinze-Stühle, Meißener Porzellan, handbemalte chinesische Tapeten aus dem 18. Jh. und viele Kostbarkeiten mehr.

Sollte bei soviel Prunk Langeweile aufkommen, bieten ein Abenteuerspielplatz mit wunderbaren Baumhäusern, ein Reitstall, Mietfahrräder, Spazierwege zum nahen Loch und zur romantischen Ruine von Newark Castle sowie das Bowhill Little Theatre viel Abwechslung. Oder man genießt eine Erfrischung im Tea Room (16 km von Melrose über A 7 und A 708; Das Haus kann nur im Rahmen von Führungen besichtigt werden. Genaue Öffnungszeiten, auch für das gesamte Gelände, siehe Webseite: www.bowhillhouse.co.uk).

Hawick 5 [E9]

Die Stadt ist das Zentrum der schottischen Wollindustrie und lockt mit zahlreichen »Factory Shops«. Lambswool und Kaschmirwaren kann man hier zu ermäßigten Preisen einkaufen.

Als Geheimtipp gilt der malerische **Wilton Lodge Park** mit seinen Alleen, Wasserfällen, formalen Gärten und einem Museum.

Shopping

Günstige Textilien gibt es z. B. bei **Hawick Cashmere Co.,** Arthur Street; **Wiltonburn Country Cashmeres,** Wiltonburn Farm (an der A 7).

Kelso 6 [F9] und Floors Castle

Das für die Borders typische Städtchen **Kelso** schmückt sich mit einem stattlichen Marktplatz. Berühmt ist die **Abtei,** die als Ruine neben der heutigen Pfarrkirche besichtigt werden kann. Kelso Abbey muss einst ein majestätischer normannischer Bau gewesen sein.

Floors Castle diente den Herzögen von Roxburghe als prunkvoller Landsitz. Das Haus, 1721 von William Adam begonnen und im 19. Jh. erheblich erweitert, gilt als größtes bewohntes Schloss in Schottland und wurde weltbekannt, als es 1984 im Hollywoodfilm »Greystoke« als Tarzans englisches (!) Schloss fungierte. Der Ausblick über den Tweed ist wundervoll (3 km nordwestlich von Kelso; Mit-te April–Sept. tgl. 11–17, Okt. Sa, So 11–17 Uhr; www.floorscastle.com).

Hotel/Restaurant

Roxburghe Hotel €€€
Der Familie Roxburghe gehört auch das beste Hotelrestaurant weit und breit. Das viktorianische Landhaus mit Golfplatz wirkt höchst eindrucksvoll.
• Heiton, 5 km südlich von Kelso
  Tel. 01573/450 331
  www.roxburghe-hotel.net

Manderston House 7 [F9]

Das Haus bei Duns am Südrand der Lammermuir Hills wird als einer der schönsten edwardianischen Landsitze vom Beginn des 20. Jhs. angesehen, doch in Wahrheit stammt der strenge Klassizismus seiner Proportionen vom Ende des 18. Jhs. Der Millionär Sir James Miller ließ um 1900 Erweiterungen und Umbauten vornehmen – silberne Treppengeländer, Marmoraus-

SEITENBLICK

Die Border Abbeys

Neben den Abteien von **Melrose** › S. 77 und **Kelso** (› links) sind auch die Ruinen in **Jedburgh** und **Dryburgh [E9]** unbedingt einen Besuch wert. Sie gehören zu den vier großen mittelalterlichen Abteien in den Borders, die alle im 16. Jh. entweder im Zug der Auflösung der Klöster durch Heinrich VIII. oder in den anschließenden Religions- und Erbfolgekriegen zerstört wurden.

kleidungen selbst in den Ställen und weitläufige Dienstbotenquartiere zeugen von unerhörtem Luxus. Die großen Gartenanlagen tragen zum üppigen Gesamteindruck bei – auch hier gibt es vor allem im Mai und Juni herrliche Rhododendren zu bestaunen (Mitte Mai–Sept. Do, So, Haus 13.30–17, Einlass bis 16.15, Gärten 11.30 Uhr bis Sonnenuntergang; www.manderston.co.uk).

Peebles 8 [E9] und Umgebung

Touristen kommen gern zum Einkaufen oder für einen Cafébesuch in das angenehme Städtchen am Tweed. Für einen Zwischenstopp oder zum Spazierengehen empfehlen sich die **Kailzie Gardens,** der

Der Wasserfall Grey Mare's Tail bei Moffat

Dawyck Botanic Garden, das großartige, am Tweed gelegene **Neidpath Castle** oder der **Cardrona Forest.**

Der 10 km östlich gelegene Landsitz **Traquair House** 9 [E9] hat sich zwischen dem 13. und 18. Jh. vom schlichten Wehrturm zum ausgewachsenen Castle gemausert und bietet heute fürstliche Zimmer (€€€) an. Auch köstliches Bier wird hier gebraut (Tel. 01896/830 323, www.traquair.co.uk).

Info

Peebles Information Centre
• 23 High Street | Peebles
  EH45 8AG | Tel. 01721/728 095
  www.peebles-theroyalburgh.info

Hotel

Peebles Hydro €€€
Klassisches Kurhotel von 1881 mit Niveau. Auch Familienzimmer.
• Innerleithen Road | Peebles
  EH45 8LX | Tel. 01764/651 846
  www.peebleshydro.co.uk

Restaurants

Coltman's €€
Nettes kleines Restaurant in historischem Gebäude, das mit regionalen und saisonalen Zutaten arbeitet.
• 71–72 High Street | Peebles
  Tel. 01721/720 405
  www.coltmans.co.uk

CocoaBlack €€
Beliebtes Café mit köstlichem Kaffee, Kakao und Kuchen; auch Kurse zur Herstellung von Schokolade und Gebäck.
• 1–3 Cuddybridge | Peebles
  Tel. 01721/723 764
  www.cocoablack.com

Moffat 10 [D9] und Umgebung

Viele Orte in der Gegend waren bis weit ins 19. Jh. hinein als Heilbäder bekannt, so auch das gut erhaltene ehemalige Badehaus im freundlichen Ort **Moffat** (www.visitmoffat. co.uk). Im **Toffee Shop** an der High Street wird das über Schottlands Grenzen hinaus bekannte Sahnekonfekt Moffat Toffee frisch hergestellt und verkauft, auch in ganzen Tafeln.

Die A 708 von Moffat Richtung Selkirk, die zum Wasserfall **Grey Mare's Tail** 11 und **St Mary's Loch** [E9] führt, ist eine der schönsten Routen der Gegend. Rund um den spektakulären Wasserfall lassen sich schöne Wanderungen unternehmen. Im historischen Gasthaus **The Gordon Arms** im Yarrow Valley waren angeblich schon Sir Walter Scott und Robert Burns zu Gast (www. thegordonarms.com).

Hotel

Star Hotel €€
Angeblich das schmalste frei stehende Hotel der Welt bietet 8 Zimmer, die Bar hat über 60 Single Malts zur Auswahl.
• 44 High Street | Moffat | DG10 9EF
  Tel. 01683/220 156
  www.famousstarhotel.co.uk

Dumfries 12 [D10]

Der größte Ort (31 600 Einw.) im schottischen Südwesten ist das Verwaltungszentrum der Region Dumfries & Galloway. Im Lauf seiner Geschichte wurde es mehrmals zerstört. Heute ist Dumfries Verkehrsknotenpunkt, Einkaufsstadt und eines der Zentren der touristischen Verwertung des Nationaldichters Robert Burns.

Burns verbrachte hier die letzten sechs Jahre seines Lebens, und die Stadt gedenkt seiner mit dem **Burns House,** wo er 1796 starb, dem Mausoleum über seinem Grab im Friedhof von St Michael, der Statue in der High Street, den Memorabilien in Burns' Lieblingspubs Globe Inn und Hole i' the Wa' und insbesondere mit dem **Robert Burns Centre** (Mill Road, April–Sept. Mo–Sa 10–17, So 14–17 Uhr, Okt.–März Di–Sa 10 bis 13 und 14–17 Uhr). Der **Burns Trail** führt zu den Stätten seines Lebens und seiner Werke.

Info

Dumfries Information Centre
• 64 Whitesands | Dumfries | DG1 2RS
  Tel. 01387/253 862
  www.visitscotland.com

Hotel/Restaurant

Best Western Station Hotel €€
Gepflegt und preiswert; herzhafte Marktküche im Restaurant.
• 49 Lovers Walk | DG1 1LT
  Tel. 0844/387 6099
  www.bestwestern.co.uk

Sweetheart Abbey 13 [D10]

Die Abteiruine im Dorf New Abbey, ca. 10 km südlich von Dumfries, ist nicht so monumental wie Melrose, aber gut erhalten und hübsch gelegen. Der Name geht auf die Stifterin des Klosters zurück: Die fromme (und reiche) Lady Devorguilla de Balliol wurde hier begraben mit dem Herzen ihres geliebten, aber früh verstorbenen Gatten John, das sie jahrelang bei sich getragen hatte (April–Sept. tgl. 9.30–17.30, Okt. bis März Sa–Mi 10–16 Uhr).

Am Solway Firth

Südlich von Dumfries liegt die wunderschöne und nicht allzu überlaufene Küste des Solway Firth, die allerdings einen Haken hat: Keine 50 km weiter südlich, an der nordenglischen Westküste, befindet sich der Nuklearkomplex von Sellafield. Schon mehrfach wurden am Solway Firth Strahlungswerte gemessen, die die zu erwartende natürliche Strahlung um das 60-fache überstiegen – Baden daher nur auf eigene Gefahr.

Die gesamte Küste war früher als Schmugglerparadies berüchtigt, insbesondere weil die Isle of Man in der Irischen See bis 1876 außerhalb der britischen Zollhoheit lag. Eine auf der Insel ansässige Handelsgesellschaft ließ sich im 18. Jh. hier am geschützten Ufer einen Vorratskeller errichten und darüber ein Landhaus bauen – das heutige Balcary Bay Hotel etwas außerhalb des Dorfs Auchencairn (› **Hotels**).

Auf einem Abstecher nach Norden erreicht man in Castle Douglas am Loch Ken das **Galloway Activity Centre** (Tel. 01556/502 011, www.lochken.co.uk). Segeln, Kanufahren und Windsurfen können Kinder

und Erwachsene hier lernen, zudem werden auch andere Outdooraktivitäten angeboten.

Hotel

Balcary Bay Hotel €€€

Wer in einem der schönen Zimmer mit Blick auf die Bucht logiert, kann sich die Schmugglerboote vorstellen, die am Strand ihre Fracht entladen. Das Essen ist ebenfalls sündhaft gut.

• Auchencairn
  Castle Douglas | DG7 1QZ
  Tel. 01556/640 217
  www.balcary-bay-hotel.co.uk

Kirkcudbright 14 [D10]

Der Name der Stadt wird »körkubrie« ausgesprochen, wer es anders ausspricht, outet sich schnell als Fremder. Kommt man an einem strahlenden Mai- oder Septembertag durch die parkartig begrünte Landschaft in den großzügig angelegten Ort, spürt man vielleicht das Verlangen, hier das eine oder andere Jahr zu verweilen – viele Künstler haben diesem Impuls nachgegeben.

Cairnholy 15 [C10]

An der Solway-Küste finden sich viele prähistorische Stätten, Cairnholy ist jedoch etwas Besonderes. Die wohl vor 4000 Jahren im Halbkreis aufgestellten Steinplatten bewachen die schmale Grabkammer von Cairnholy I, vor deren Eingang der Blick weit hinaus übers Meer schweift. Man hat hier bei Ausgrabungen Objekte gefunden, die aus Mittel- und Südeuropa importiert worden sein müssen, darunter Glockenbecher und Teile einer Axt aus

Steinplatten von Cairnholy

Jadeit. Die Felsplatte, mit der die Grabkammer von Cairnholy II abgedeckt ist, dürfte kaum von ein paar Männern unterm Arm hierher getragen worden sein.

Newton Stewart 16 [C10] und Umgebung

Newton Stewart empfiehlt sich als Standort für einen Urlaub in der Gegend. Man kann ruhig und gepflegt, aber ohne großen Aufwand nördlich des Orts wohnen.

Nördlich von Newton Stewart liegt das Naturschutzgebiet **Galloway Forest Park** mit Wanderwegen, Wildgehegen sowie naturkundlichen Infozentren, z. B. am Clatteringshaws Loch (Tel. 01671/402 420; www.gallowayforestpark.com).

Hotel/Restaurant
Creebridge House Hotel €€€
Gemütliches Country House mit preisgekröntem Restaurant und Brasserie; viele Real Ales, gutes Preis-Leistungs-Verhältnis. Golf und Angeln werden arrangiert.

• Newton Stewart | DG8 6NP
Tel. 01671/402 121
www.creebridge.co.uk

Wigtown & Whithorn [C10]

Die beiden pittoresken Ortschaften schmücken die südliche Halbinsel **The Machars,** dazwischen erstrecken sich schöne Strände und stille Landschaften. Zudem findet man auf der Halbinsel eine Menge vor- und frühgeschichtlicher Stätten: Neben den Wren's Egg- und Torhouse-Steinkreisen sind die Ausgrabungen frühchristlicher, wikingischer und mittelalterlicher Siedlungen in Whithorn interessant.

Hotel
Steam Packet Inn €€
Uriger Pub am Hafen, mit schlichten Gästezimmern und gutem Essen.
• Harbour Row
Isle of Whithorn | DG8 8LL
Tel. 01988/500 334
www.thesteampacketinn.biz

Rhinns of Galloway 🔟 [B/C10]

Das Städtchen **Stranraer,** wegen seiner Fährverbindung nach Belfast bekannt, ist das Tor zu der stillen, hammerartig geformten Halbinsel mit weiten Sandstränden im Osten und steilen Klippen im Norden. Dank des milden Klimas sind hier zwei Gärten entstanden, die zu den schönsten Schottlands zählen.

❗ Eine Pracht sind die Landschaftsgärten an den Ruinen von

❗ Erst-klassig

Prachtvolle Gärten

....

- Für alpine und tropische Pflanzen ist der **Royal Botanic Garden** in Edinburgh berühmt. › S. 60
- Viele alte Obstbäume stehen im **Priorwood Garden** in Melrose; aus den Früchten wird feine Marmelade gemacht. › S. 77
- Die Rhododendren und Feuerbüsche in den **Castle Kennedy Gardens** breiten sich am Fuß der Burgruine aus. › S. 84
- Mit seiner Mischung aus herrlich angelegten Parzellen mit feinster Gartenbaukunst und einem riesigen Park mit vielfältiger Tier- und Pflanzenwelt begeistert das **Crathes Castle**. › S. 95
- Chinesischer Rhododendron, Eukalyptus aus Tasmanien und Gänseblümchen aus Neuseeland wachsen innerhalb der Mauern von **Inverewe Garden**. › S. 136

Castle Kennedy mit ihren Rhododendren, dem Seelilienteich und dem von Bäumen gesäumten Kanal (April–Okt. tgl. 10–17 Uhr; www.castlekennedygardens.co.uk).

Gewächse aus südlichen Hemisphären und einen Torfmoorgarten mit chinesischen Raritäten zeichnen den **Logan Botanic Garden** aus, einen Ableger des Royal Botanic Garden in Edinburgh (15. März bis 31. Okt. 10–17; Febr. So 10–16 Uhr Schneeglöckchenfest; www.rbge.org.uk/the-gardens/logan).

An der Südspitze Schottlands, am **Mull of Galloway,** kann man den Leuchtturm an der windgepeitschten Küste besteigen (Mitte April bis Okt. Sa/So, Juli/Aug. auch Mo–Mi 10–16 Uhr).

Hotels

Corsewall Lighthouse Hotel €€€
Abgeschieden gelegen, lockt das Hotel ❗ mit grandiosen Ausblicken auf den Atlantik und einer Vollpension, die Gourmets durchaus gerecht wird.
- Corsewall Point | Kirkcolm | DG9 0QG
  Tel. 01776/853 220
  www.lighthousehotel.co.uk

North West Castle Hotel €€€
Gemütliches Haus mit Blick auf den Loch Ryan; Indoor-Curlingbahn.
- Stranraer | DG9 8EH
  Tel. 01776/704 413
  www.mcmillanhotels.co.uk

Am Firth of Clyde

Die Küstenstraße von Stranraer nordwärts bis Ayr bietet großartige Ausblicke aufs Meer und den 340 m hohen Granitkegel der Insel **Ailsa Craig**, auf die früher unbotmäßige Mönche verbannt wurden. Heute ist sie Vogelschutzgebiet (Bootsausflüge von Girvan: Mark McCrindle, nur mit Voranmeldung, Tel. 01465/713 219, www.ailsacraig.org.uk).

Culzean Castle 18 ⭐ [C9]

Schottlands berühmtester Architekt, Robert Adam, schuf 1777 bis 1792 aus einem Turmhaus für die Adelsfamilie Kennedy eine verblüffende Synthese von klassizistischem Herrenhaus und romantischer Burg. So interessant das Äußere von Culzean (»kollehn« gesprochen) auch ist, Adams Genie kommt erst im zentralen Treppenhaus und im Dekor der Innenräume zur vollen Entfaltung. Der im Stil des 18. Jhs. angelegte Park ist einen eigenen Besuch wert (Castle: April–Okt. tgl. 10.30–17, Einlass bis 16 Uhr; Country Park ganzjährig 9.30 Uhr bis zur Abenddämmerung; Visitor Centre im Park, Café und Shop 10–17 Uhr).

Culzean Castle in seinem weitläufigen Park

Hotel

The Eisenhower at Culzean Castle €€€
Luxuriöse Unterkunft in einem alten Adelssitz mit sechs Zimmern und Suiten.
• Tel. 01655/884 455
   www.culzean-eisenhower.com

Ayr 19 [C9]

Die weiten Sandstrände des größten Badeortes nahe Glasgow wirken gepflegt und scheinen Tausende von Touristen in der Hauptsaison sowie die Wochenend- und Tagesausflügler gut zu verkraften. Neben drei schönen Golfplätzen nennt die Stadt Schottlands berühmteste Pferderennbahn ihr Eigen. Hinzu kommt das Zentrum der Robert-Burns-Verehrung in seinem Geburtsort **Alloway,** heute ein südlicher Vorort von Ayr.

Der gut ausgeschilderte »Burns Heritage Trail« führt zu seinem Geburtshaus (samt Museum) und anderen mit dem Dichter verbundenen Stätten.

SEITENBLICK

Glasgows Strände
Die Badeorte entlang der Küste zwischen den Rhinns und der Clyde-Mündung verwandeln sich im Sommer in Vororte von Glasgow – vom altmodischen, eher förmlichen **Troon** mit seinen berühmten Golfplätzen bis hin zu den Bingosälen, Spielhallen und Rummelplätzen von **Saltcoats** weiter im Norden.

Info

Ayr Information Centre

Hier auch Karten und Führungen zum
Burns Heritage Trail.

- 22 Sandgate | Ayr | KA7 1BW
  Tel. 01292/290 300
  www.visitscotland.com

Hotels

Brig o'Doon House Hotel €€€

Schönes gepflegtes Haus mit nur fünf
Zimmern und herrlichem Garten nahe
dem Zentrum des Burns-Kults.

- High Maybole Road
  Alloway | KA7 4PQ
  Tel. 01292/442 466
  www.brigodoonhouse.com

Richmond Guest House €€

Viktorianisches Reihenhaus mit
geschmackvollen Zimmern.

- 38 Park Circus | Ayr | KA7 2DL
  Tel. 01292/265 153
  www.richmond-guest-house.co.uk

Restaurant

No. 22 Bar & Grill €€

Freundliche moderne Weinbar mit gutem Essen und Kunst an den Wänden.

- 22 Beresford Terrace
  Ayr | KA7 2EG
  Tel. 01292/280 820
  www.22ayr.com

New Lanark und die Falls of Clyde

Südlich des Städtchens Lanark liegt
das jetzige Freilichtmuseum **New
Lanark 20 [D9]**. Hier wagten der so-
zial gesonnene Industrielle David
Dale und sein Schwiegersohn Robert Owen um 1800 ein revolutio-
näres Experiment: Sie wollten den
Arbeitern ihrer Baumwollspinne-
reien menschenwürdige Wohnver-
hältnisse, Arbeitsbedingungen und
Bildungseinrichtungen schaffen.
»Als Robert Owen … den Zehn-
stundentag wirklich in seine Fabrik
zu New-Lanark einführte, ward das
als kommunistische Utopie ver-
lacht, ganz so wie seine Verbindung
von produktiver Arbeit mit Erzie-
hung der Kinder …«, schrieb später
Karl Marx.

Wenn man heute durch die Siedlung aus grauen Steinhäusern spaziert, die zum UNESCO-Weltkul-
turerbe zählt, wirkt sie geradezu
idyllisch (Visitor Centre, April–Okt.
tgl. 10–17, Nov.–März tgl. 10 bis
16 Uhr, www.newlanark.org).

Die nahen Wasserfälle **Falls of
Clyde [D9]** sind ein beliebtes Ausflugsziel, denn die Landschaft
könnte einem romantischen Gemälde entsprungen sein: Von den
Granitfelsen, über die sich der Fluss
ergießt, steigt Gischt zu den Eichen
und Birken auf, deren Äste das Wasser überschatten.

Hotel

New Lanark Mill Hotel €€

Das moderne Hotel entstand in einer alten Mühle im Denkmalkomplex direkt
über dem Fluss. Auch edle Ferienwohnungen.

- Mill No.1 | New Lanark | ML11 9DB
  Tel. 01555/667 200
  www.newlanarkhotel.co.uk

Die Ruinen von Dunnottar Castle
südlich von Stonehaven

DER OSTEN

Kleine Inspiration

- **Im Walkers Shortbread Shop** in Aberlour sich mit köstlichen Keksen eindecken › S. 89
- **Fischadler beobachten** im Cairngorms National Park › S. 96
- **Eine Nostalgiefahrt** mit den Dampflok-Zügen der Strathsprey Steam Railway machen › S. 97
- **In Ballater** »königlich« einkaufen › S. 100
- **Schwimmen im Meerwasserpool** von Stonehaven › S. 100

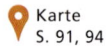

Schlösser, Golf und Whisky prägen die Region: Balmoral Castle ist Sommersitz der Queen, der »Malt Whisky Trail« lockt in die Region Speyside, und St Andrews in der Grafschaft Fife ist eine Art Welthauptstadt des Golfs.

Der Osten Schottlands erstreckt sich vom Firth of Forth nördlich der Hauptstadt Edinburgh über die Grafschaften Fife, Angus und Dundee bis hinauf nach Aberdeenshire im Norden und Perthshire im Westen. Diesen Teil der Highlands prägen unzählige Schlösser und Burgen – manche noch bewohnt –, zahlreiche Whiskybrennereien, deren Produkte Weltruf genießen, und Golfplätze, die zu den interessantesten weltweit zählen. In der Region liegt auch der größte Nationalpark Großbritanniens, der Cairngorms National Park.

Entlang der Nordseeküste reihen sich reizende Fischerdörfer aneinander, die sauberen Bäche und Flüsse zeichnen sich durch ihren Fischreichtum aus. Bei Anglern, Golfern, Wanderern, Wassersportlern und auch Mountainbikern ist dieser Landesteil außerordentlich beliebt. Auf Schloss Balmoral im Tal des River Dee verbringt die königliche Familie sogar ihren Sommerurlaub.

Nördliches Zentrum dieser Region ist Schottlands drittgrößte Stadt Aberdeen. Sie hat ihren Reichtum vor allem den Ölvorkommen vor der Küste zu verdanken. Da die Stadt auch kulturell viel bietet, hat sie sich zur Boomtown mit einer der geringsten Arbeitslosenquoten in ganz Großbritannien entwickelt.

Touren in der Region

Tour 3 Whiskytour durch Speyside

Route: Aviemore › Boat of Garten › Grantown on Spey › Aberlour › Elgin › Keith › Huntly › Dufftown › Tomintoul › Grantown on Spey

Karte: Seite 91
Dauer: 2 Tage, bei intensiver Whisky-Verkostung auch länger.

Praktische Hinweise:
• Whiskyfreunden sei eine der Touren ans Herz gelegt, die Busunternehmen in Aberdeen organisieren.

Tour-Start:

Keine Region Schottlands weist mehr Brennereien auf als Speyside. Doch neben all den Hinweisschildern auf Whiskydestillen gibt es auf dieser Tour auch viel wunderbare Natur zu sehen. Ausgangspunkt ist der Touristenort **Aviemore**  › **S. 96**, eine eher funktionale Stadt, von der aber die **Strathspey Steam Railway** startet. Gemächlich schlängelt sich der Nostalgiezug aus viktorianischer Zeit in einer Viertelstunde entlang dem Fluss Spey ins beschauliche **Boat of Garten** 6 › **S. 97** im **Cairngorms National Park** 4 › **S. 96**. Natürlich gelangt man auch mit dem Auto dorthin. Am Nordrand des Nationalparks liegt **Grantown on Spey** 7 › **S. 97**, Ausgangspunkt für Outdoor-Aktivitäten aller Art in den Cairngorms. Bei einem Gang durch den Ort wird man auf viel georgianische Architektur stoßen. Hier beginnt der **Malt Whisky Trail** › **S. 97**. Besucher, die eher Süßem zugeneigt sind, sollten in **Aberlour** [E5] im Spey-Tal einen Stopp am Laden der Fabrik von Walkers Shortbread einlegen (Mo bis Do 8.30–17, Fr bis 16 Uhr, Geschäft im Zentrum auch Sa bis 14 Uhr, Tel. 01340/871 555, www.walkersshortbread.com).

Die wohl eindrucksvollste Kathedralenruine in ganz Schottland steht in dem touristisch gut erschlossenen Marktzentrum **Elgin** 10 › **S. 98**, in dem man auch preisgünstig Wollwaren erwerben und angenehm übernachten kann. Entlang der Whiskyroute geht es weiter nach **Keith** › **S. 97**, wo die Strathisla Distillery arbeitet. Einen Abstecher ins Städtchen **Huntly** [E5] belohnt der Anblick der wildromantischen Schlossruine **Huntly Castle** (April bis Sept. tgl. 9.30–17.30, Okt.–März 10–16 Uhr, Do und Fr. geschl.). In 15 Minuten spaziert man am Fluss

entlang zu der Ruine aus dem 12. Jh. Weiter geht es nach **Dufftown** 9 › **S. 98**, sozusagen die Hauptstadt des Malt Whiskys. Den Abschluss des Whisky Trails bildet das entzückende **Tomintoul** 8 › **S. 98**; zum Endpunkt der Tour in Grantown on Spey ist es dann nicht mehr weit.

Tour 4 | Schlösser und Paläste

Tour-Start:

Bekannt ist der Ort **Braemar** 13 › **S. 99** wohl hauptsächlich wegen den bei Bürgerlichen wie Adeligen beliebten Highland Games. Von der **Royal Deeside** › **S. 99** startet die Tour entlang dem Fluss Dee vorbei an **Balmoral Castle** 14 › **S. 99**, wo Prinz Charles gerne den Sommer verbringt, und führt nach **Ballater** 15 › **S. 100**. Schon Mitte des 19. Jhs. fand Königin Victoria Gefallen an dem Städtchen und reiste regelmäßig mit der Bahn an. Weiter geht es durch den Ort **Banchory** 16 › S. 100, dessen Hauptstraße links und rechts hauptsächlich Antiquitätengeschäfte säumen.

Das Dee-Tal verlassend, führt die Tour weiter Richtung Nordsee in die Hafenstadt **Stonehaven** 17 › S. 100, deren beheizter Meerwasserpool zu einem Bad lockt. Nicht weit entfernt thront über dem Meer die spektakuläre Burgruine von **Dunnottar Castle** 18 › S. 100. Entlang der Küste in südlicher Richtung erreicht man nach rund 40 km die hübsche Hafenstadt **Montrose** 19 › S. 101. Während der Wintermonate, wenn Scharen von Wildgänsen einfallen, treffen sich hier die Vogelkundler. Im Ort kann man gut übernachten.

Am nächsten Tag verlässt die Route die Küste landeinwärts nach **Aberlemno** 20 › S. 101, wo sich die wohl schönsten Piktensteine in ganz Schottland befinden. Bei der Weiterfahrt durch Angus, der Heimat der berühmten schwarzen Rinderrasse, gelangt man schließlich in die in sanfte Hügel eingebettete Stadt **Glamis** 21 › S. 102 mit dem pompösen **Glamis Castle**. Die Attraktion in der umso nüchterner erscheinenden Hafenstadt **Dundee** 22 › S. 102 sind die beiden Museumsschiffe.

Als besonders schöne Stadt mit ihrer Lage am Fluss Tay und als Tor zu den Highlands gilt hingegen **Perth** 23 › S. 103. In der Nähe begeistert der noch bewohnte **Scone Palace** › S. 103 mit seinem wunderschönen Park und der Sammlung an Ziergegenständen. Ein weiteres prächtiges Schloss bildet den

Schlusspunkt dieser Reise: **Blair Castle** 24 › S. 103, ein Besuchermagnet in der Nähe des eher überlaufenen **Pitlochry** › S. 103.

Am Firth of Forth zur Grafschaft Fife

Route: Stirling › Glenrothes › Elie › Anstruther › St Andrews

Karte: Seite 91
Dauer: 1 Tag
Praktische Hinweise:
• In der Grafschaft Fife kann man auch sehr gut Fahrrad fahren: Hängen Sie etwa in St Andrews einen Tag an die Tour an, mieten sich ein Rad und fahren z. B. die Rundtour »Fife – the East Neuk« › S. 106.

Touren im Osten

Tour 3
Whiskytour durch Speyside

Aviemore › Boat of Garten › Grantown on Spey › Aberlour › Elgin › Keith › Huntly › Dufftown › Tomintoul › Grantown on Spey

Tour 4
Schlösser und Paläste

Braemar › Ballater › Banchory › Stonehaven › Montrose › Aberlemno › Glamis › Dundee › Perth › Pitlochry

Tour 5
Am Firth of Forth zur Grafschaft Fife

Stirling › Glenrothes › Elie › Anstruther › St Andrews

Tour-Start:

Ausgangspunkt dieser eintägigen Tour ist die Stadt **Stirling** 25 › S. 104, deren schon von Weitem sichtbare, aus der umgebenden Ebene aufragende Burg die strategische Bedeutung der Stadt hervorhebt.

Von Stirling aus geht es in östlicher Richtung zunächst ins Landesinnere zum **Castle Campbell** › S. 104, von dem aus man einen fantastischen Blick auf das Forth-Tal hat, und zum **Falkland Palace** 26 › S. 105, der einst der Stuart-Dynastie als Jagdschloss diente. Über Glenrothes fährt man nun an die Küste.

Am **Firth of Forth** › S. 105 reihen sich hübsche Fischerdörfer aneinander, besonders sehenswert sind **Elie** mit schönen Stränden und **Anstruther** 27 › S. 105 mit seinem Fischereimuseum. Weiter entlang der Küste erreicht man schließlich das schmucke **St Andrews** 28 › S. 106, weltweit als »Heimat des Golfsports« bekannt. Golfenthusiasten sollten dort auf jeden Fall das British Golf Museum aufsuchen.

Unterwegs im Osten

Aberdeen 1 [F6]

Die Stadt (228 000 Einw.) an der Nordsee war jahrhundertelang ein Zentrum des Welthandels, heute ist sie in erster Linie auf das Geschäft mit dem Nordseeöl eingerichtet. Deshalb kann man gerade am Wochenende hier in guten Hotels besonders preiswert unterkommen.

Aberdeen bietet ein unverwechselbares, von Granitbauten und Blumenrabatten bestimmtes Stadtbild, einige herausragende Museen – und einen Einblick in den schottischen Wirtschaftszweig, der seit einiger Zeit ganz Großbritannien über Wasser hält: die Ölförderung.

Stadtmitte

Mittelpunkt und wirtschaftliche Basis der Stadt ist der frei zugängliche **Hafen** A. Frühaufsteher können von 4 bis 7.30 Uhr morgens die Versteigerung des frischen Fangs im modernen Fischmarkt am Albert Basin (Market Street) miterleben.

Das **Maritime Museum** B im Provost Ross's House vermittelt einen Überblick über die Geschichte des Hafens und zeigt Displays zur Ölindustrie in der Nordsee. Das Gebäude selbst wurde 1593 als Wohnhaus errichtet (Mo–Sa 10–17, So 12 bis 15 Uhr, Eintritt frei).

Die **Kirk of St Nicholas** C umfasst Baureste aus dem 12. Jh. Während der Reformation wurde die Kirche unterteilt und von beiden Konfessionen benutzt. In der Krypta des Ostteils hielt man im 17. Jh. angebliche Hexen gefangen (Juni–Sept. Mo–Fr 12–16 Uhr).

Die **Aberdeen Art Gallery** D zeigt neben europäischer Kunst des 18. bis 20. Jhs. v. a. Werke zeitgenössischer schottischer Künstler. Schon die Ausstellung schottischen Kunst-

Granit prägt das Stadtbild von Aberdeen

handwerks in Silber und Glas ist bedeutend, die »Macdonald Collection« mit 92 Selbstbildnissen britischer Maler aber ist einzigartig (bis Ende 2017 wegen Renovierung geschlossen, www.aagm.co.uk).

Provost Skene's House , das älteste erhaltene Wohnhaus der Stadt (um 1545) ist heute ein Museum, dessen Räume im Stil verschiedener Bewohner und Jahrhunderte eingerichtet sind (derzeit geschl.).

Das **Marischal College** , in dem sich heute das **Aberdeen City Council** befindet, wurde 1593 als protestantisches Gegenstück zum katholischen King's College gegründet.

Das **Tolbooth Museum** , eines der ältesten Gebäude in Aberdeen mit dem wohl am besten erhaltenen schottischen Gefängnis aus dem 17. Jh., bringt Besuchern mit imposanten Ausstellungsstücken die Geschichte der Kriminalität und der Bestrafung in Aberdeen näher (Mo–Sa 10–17, So 12–15 Uhr, Eintritt frei, www.aagm.co.uk).

Naturwissenschaft und Technik zum Anfassen bietet **The Satrosphere** – ein echtes Paradies für kleine und große Knopfdrücker und Kurbeldreher (Mo–Fr 10–16, Sa, So bis 17 Uhr; www.satrosphere.net).

Im Norden der Stadt

Old Aberdeen erreicht man über die Hauptverkehrsstraße King Street. An der parallel verlaufenden High Street liegt **King's College,** das ältere der beiden Colleges der Universität. Die Kapelle entstand um 1500 und beherbergt das Grab des Universitätsgründers Bischof Elphinstone, dessen Ehrenmal vor dem Gebäude aufragt.

Noch etwas weiter nördlich steht das älteste Granitgebäude in einer Stadt, die oft als Granite City bezeichnet wird: **St Machar's Cathedral,** mit einer wunderbaren Eichenholzdecke im Mittelschiff.

Das Viertel um die Kirche mit seinen bis zu 300 Jahre alten Bürgerhäusern, dem Kopfsteinpflaster und

der Atmosphäre stiller Gediegenheit lohnt einen geruhsamen Spaziergang.

Info

Aberdeen Information Centre
Unterkunftsnachweis und umfassender
Service; auch Informationen zu den ver-
schiedenen Highland Games und dem
Speyside Whisky Festival.
• 23 Union Street | Aberdeen
  AB11 5BP | Tel. 01224/269 180
  www.visitscotland.com

Hotels

Brentwood Hotel €€
Für Aberdeen typisches, vor Kurzem
renoviertes Granitreihenhaus mit
66 Zimmern, Bar und Restaurant.
• 101 Crown Street | Aberdeen
  AB11 6HH | Tel. 01224/595 440
  www.brentwood-hotel.co.uk

Roselea House €€
Zentral gelegenes B & B in einem Mitte
des 19. Jhs. erbauten Granithaus, spe-
ziell auf Vegetarier eingerichtet.
• 12 Springbank Terrace | Aberdeen
  AB11 6LS | Tel. 01224/583 060
  www.roseleahouse.co.uk

Restaurants

Silver Darling €€€
Das Restaurant am Hafen serviert exqui-
site Fischgerichte. So geschl.
• Pocra Quay/North Pier Rd. | Aberdeen
  Tel. 01224/576 229
  http://thesilverdarling.co.uk

The Adelphi Kitchen €€€
Lokale Köstlichkeiten, Fisch, ungewöhn-
lich zubereitete Hot Dogs. So geschl.
• 28 Adelphi | Aberdeen | AB11 5BL
  Tel. 01224/211 414
  www.theadelphikitchen.co.uk

A Hafen
B Maritime Museum
C Kirk of St Nicholas
D Aberdeen Art Gallery
E Provost Skene's House
F Marischal College
G Tolbooth Museum
H The Satrosphere

Pubs

The Globe Inn €€

Populäre Musikkneipe, Gigs bekannter schottischer Musiker am Fr und Sa. Sieben komfortable Zimmer.

• 13–15 North Silver Street | Aberdeen
  Tel. 01224/624 258
  www.theglobeinn-aberdeen.co.uk

The Prince of Wales €

Der Pub von 1840 ist ein beliebter Treffpunkt bei Einheimischen wie Besuchern (Mo–Do 10–24, Fr/Sa bis 1 Uhr, So ab 11 Uhr); günstiges Mittagessen.

• 7 St Nicholas Lane | Aberdeen
  Tel. 01224/640 597
  www.princeofwales-aberdeen.co.uk

Shopping

Bon Accord & St Nicholas

Das Einkaufszentrum in der Stadtmitte bietet neben den üblichen Geschäften auch solche mit einer guten Auswahl an Woll- und Tweedwaren.

• George Street | Aberdeen
  http://bonaccordandstnicholas.com

Alex Scott & Co (Kiltmakers) Ltd

Hier kann man Kiltschneidern bei der Arbeit zuschauen und selbst einen echten Kilt für daheim erwerben.

• 43 Schoolhill | Aberdeen
  Tel. 01224/674 874
  www.kiltmakers.co.uk

Aberdeen International Street Market

Mehrmals im Jahr jeweils Fr, Sa und So von 9–18 Uhr Flohmarkt mit Waren aus fünf Kontinenten an über 70 Ständen.

• Union Terrace Gardens | Aberdeen
  Tel. 01224/633 877
  www.aberdeencity.gov.uk

Aktivitäten

Alan Crichton Mountain Skills Ltd.

Wander-, Berg- und Klettertouren in kleinen Gruppen.

• 30 Kinmundy Av. | Aberdeen
  AB32 6TG | Tel.1224/746 605
  www.mountainskills.co.uk

Castle Tours

Das Unternehmen bietet Eintagestouren im Minibus zu verschiedenen Themen wie Whisky oder Schlösser (im Sommer Highland Games) an.

• Aberdeen | Tel. 01467/370 621
  www.castle-tours.co.uk

Ausflüge ab Aberdeen

Crathes Castle 2 [F6]

Von den vielen Adelssitzen in der Umgebung Aberdeens ist Crathes Castle wohl der meistbesuchte, denn er bietet alles, was man von einem »typisch schottischen Schloss« erwartet: Hinter den malerischen Zinnen des 1553–1594 errichteten Baus verbergen sich nicht nur drei Räume mit eindrucksvollen Deckenmalereien, sondern auch diverse Gespenster, darunter die »Green Lady«. Sie soll mit ihrem Kind im Arm umgehen – in ihren Gemächern hat man unter der Kaminplatte das Skelett eines Säuglings gefunden.

Die über **!** 240 ha großen, in Parzellen aufgeteilten Gärten sind ein besonderes Erlebnis, zudem gibt es sechs verschiedene Spazierwege und einen außergewöhnlichen Hochseilgarten. Informationszentrum, Souvenirladen und Café dürfen natürlich nicht fehlen. Castle & Garten: April–Okt. tgl. 10.30–17, Nov.–März (außer Weihnachten) Sa/So 11–15.45 Uhr; Café & Shop: April–Okt. 10.30–17, Nov.–März Di–So 11–16 Uhr; Castle, Café und Shop auch 27.–31. Dez. geöffnet.

Inverurie 3 [F6] und Umgebung

Prähistorische Steinkreise und Piktensteine prägen die Umgebung der Stadt Inverurie. Besonders markant sind die rund 3,5 km westlich von Inverurie gelegenen **Easter Aquhorthies.** In diesem eigentümlichen, rund 4000 Jahre alten Steinkreis mit 19,5 m Durchmesser wird ein liegender Stein von zwei stehenden,

Unter Dampf: Die Strathspey Steam Railway im Tal des River Spey

spitz zulaufenden Steinen flankiert, daneben komplettieren neun weitere stehende Steine den Kreis (www. historicenvironment.scot).

Cairngorms National Park 4 [D/E6]

Großbritannien größter und jüngster Nationalpark schützt seit Herbst 2003 offiziell 3800 km² Bergland der Cairngorms und Grampian Mountains mit vielen seltenen Pflanzen und bedrohten Tierarten. Die hypermoderne Cairngorm Railway (Talstation östlich von Aviemore) bringt einen bis kurz unter den Gipfel des 1245 m hohen Cairn Gorm (Auffahrt 10–16 Uhr alle 30 Min.; www.cairngormmoun tain.org).

Info

Cairngorms Nat. Park Authority
• 14 The Square | Grantown on Spey PH26 3HG | Tel. 01479/873 535 www.cairngorms.co.uk

Aktivitäten

Highlander Mountaineering
Bergsteiger- und Kletterkurse; geführte Touren durch die Cairngorms.
• 71 High Street | Aberlour | AB38 9QB Tel. 01340/871 071 www.petehillmic.com

Aviemore 5 [D6]

Der Ort ist nicht besonders schön, jedoch Tourismuszentrum für Unterkunft, Gastronomie und Verkehrsverbindungen sowie Ausgangspunkt für Aktivitäten in den

Cairngorms. Von hier startet mehrmals am Tag die Nostalgiebahn **Strathspey Steam Railway,** die den River Spey entlang über Boat of Garten nach Broomhill fährt (Juli/Aug. tgl., Juni Mi–So, sonst eingeschränkt, Tel. 01479/810 725; www.strathspeyrailway.co.uk).

Hotel
Ardlogie Guest House €€
Modern eingerichtetes Gästehaus mit wundervoller Aussicht auf die Cairngorm Mountains.
• Aviemore | PH22 1PU
Tel. 01479/810 747
www.ardlogie.co.uk

Boat of Garten 6 [D6]
Der hübsche Ort im Nationalpark hat sich ganz auf Tourismus eingestellt. Hier im Tal sieht man das ganze Jahr hindurch Wanderer, Bergsteiger und Kletterer, Rad- und Kanufahrer, Angler und Golfer, die sich in die Cairngorms aufmachen. Hier hält auch die gern benutzte Strathsprey Steam Railway.

Das Naturreservat von **Loch Garten** ist berühmt für die ständige Bewachung, die man dort den letzten Fischadlern Schottlands angedeihen lässt.

Hotel
Moorfield House €€
Gepflegtes viktorianisches Gästehaus mit dem persönlichen Touch. Wanderer und Radfahrer willkommen.
• Deshar Road | Boat of Garten
PH24 3BN
Tel. 01479/831 646
www.moorfieldhouse.com

Malt Whisky Trail ⭐

Whisky ist der beste Grund, um von **Grantown on Spey** 7 [D/E6] in nordöstlicher Richtung durch das Spey Valley zu fahren. Von den vier Whiskyregionen Schottlands (die anderen sind Lowlands, Highlands/Islands sowie Islay › **S. 48**) ist **Speyside** diejenige mit der größten Dichte an Destillerien auf engem Raum. Die pagodenartigen Kamindächer der Malzdarren werden bald zum vertrauten Anblick, und viele Brennereien heißen Touristen zu Führungen und Pröbchen willkommen (www.maltwhiskytrail.com).

Gut auf Besucher eingerichtet ist **Glenlivet** nahe dem gleichnamigen Dorf (Anfang April–Okt. Mo–Sa 9.30–17, So ab 12 Uhr). Einen der besten Single Malt Whiskys der Region produziert wohl die **Cragganmore Distillery** in Ballindalloch am Spey (April–Okt. Mo–Fr 9.30 bis 17 Uhr, letzte Führung 16 Uhr, www.discovering-distilleries.com).

Zu den ältesten und schönsten Brennereien gehört die 1786 gegründete **Strathisla Distillery** in **Keith.** Entzückend sind die Zwillingspagodentürme, das Wasserrad und die kleinen Bruchsteinhäuser (April–Okt. Mo–Sa 9.30–17, So 12–17 Uhr).

Hotel
Ben Mhor Hotel €€€
Hotel mit 26 Zimmern und mit beliebtem Bistro im Zentrum von Grantown.
• 53–57 High Street | Grantown on Spey
PH26 3EG | Tel. 01479/873 216
www.benmhor.co.uk

Tomintoul 8 [E6]

Die eindrucksvolle Landschaft des Whisky Country lohnt den Besuch des Dorfes, das mit 354 m zu den höchstgelegenen Ortschaften der Highlands gehört. Niedrige alte Häuser säumen den Hauptplatz. Vom Ort aus kann man einen Ausflug am River Avon entlang und auf die Anhöhen machen.

Dufftown 9 [E5]

Die Stadt, die erst 1817 gegründet wurde, darf als Zentrum des Malt Whiskys gelten, da in der näheren Umgebung gleich sieben Destillerien zu finden sind.

Am Ortsrand steht die berühmte und marktführende **Glenfiddich Distillery,** die sich als einzige Brennerei noch im Besitz der Gründerfamilie befindet (Visitor Centre geöffnet ganzjährig 9.30–16.30 Uhr, regelmäßige Führungen; www.glen fiddich.de).

Der Norden von Speyside

Elgin 10 [E5]

In dem touristisch gut erschlossenen Städtchen und einstigem Bischofssitz steht die wohl schönste und berühmteste Kathedralruine in ganz Schottland: die **Elgin Cathedral** aus dem 13. Jh., auch als Laterne des Nordens bekannt (April–Sept. tgl. 9.30–17.30, Okt.–März 10–16 Uhr).

Info

Elgin Information Point
• Elgin Library | Cooper Park
   Elgin | IV30 1HS
   Tel. 01343/562 608

Hotel

Ardgye House €€
Luxuriöses 4-Sterne-B&B mit großen Zimmern und eigenem Park nahe Elgin.
   A9 | Elgin | IV30 8UP
   Tel. 01343/850 618
   www.ardgyehouse.co.uk

Shopping

Gordon & MacPhail
Das Feinkostgeschäft führt etwa 1000 Single Malt Whiskys sowie jede Menge anderer feiner Delikatessen.
• 58–60 South Street
   Elgin | IV30 1JX
   Tel. 01343/545 110
   www.gordonandmacphail.com

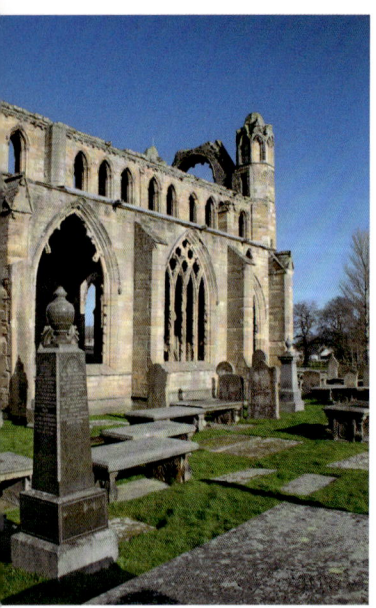

Elgin Cathedral und ihr Friedhof

Banff 🔟 [F5]

Der Ort hat sich trotz heftigen Reiseverkehrs eine gewisse Aura stiller Gediegenheit bewahrt, die nicht zuletzt auf mehrere Bauten der Architektenfamilie Adam zurückzuführen ist: Das schlichte **Town House** (1767) stammt von John oder James Adam, von William Adam das Stadtpalais **Banff Castle**, ebenso das elegante **Duff House** am Hügel südlich des Zentrums (April–Okt. tgl. 11–17, Nov.–März Do–So 11 bis 16 Uhr, www.duffhouse.org.uk).

Info

Banff Information Centre
• Collie Lodge | AB45 1AU
  Tel. 01261/812 419

Fraserburgh 🔢 [F5]

Auch wenn der Küstenort nicht allzu freundlich wirkt, ist der 5 km lange Sandstrand in der Bucht umso einladender. Der Leuchtturm von **Kinnaird Head** wurde 1787 errichtet, indem man den Turm der dortigen Burg umbaute: Damit ist er einer der ungewöhnlichsten Leuchttürme der Welt. Hier ist auch das **Museum of Scottish Lighthouses** untergebracht (April–Okt. tgl. 10–17, sonst eingeschränkte Öffnungszeiten. Letzter Einlass 1 Std. vor Schließung; http://lighthousemuseum.org.uk).

Royal Deeside ⭐

Die Region darf sich dank der königlichen Residenz Balmoral *Royal* nennen; schon Queen Victoria verlebte hier ihre Ferien. Der Fluss Dee, für seinen Lachsreichtum bekannt, schlängelt sich vorbei an romantischen Burgen wie Braemar oder Crathes Castle und durch anmutige viktorianische Orte, bis er schließlich bei Aberdeen ins Meer mündet.

Braemar 🔢 [E6]

Am Eingang des Ortes thront das ab 1628 errichtete **Braemar Castle**, dessen Türme wie Feuerwerksraketen anmuten. Der Ort selbst ist wegen der **Braemar Highland Games** (Braemar Gathering) bekannt. Am ersten Samstag im September finden sich auch Mitglieder der königlichen Familie ein, um starken Männern und anmutigen Tänzerinnen zuzujubeln. Der Vorverkauf der begehrten Karten beginnt jeweils Anfang November (Tel. 013397/410 98, www.braemargathering.org).

Hotel

Callater Lodge €€
Gehobenes Gästehaus; viktorianischer Charme mit zeitgemäßem Komfort.
• 9 Glenshee Road
  Braemar | AB35 5YQ
  Tel. 013397/412 75
  www.hotel-braemar.co.uk

Balmoral Castle 🔢 ⭐ [E6]

In diesem Schloss aus weißem Granit entdeckte einst Queen Victoria ihr Herz für die Highlands. Ballsaal und Gärten sind vom 1. April bis zum 31. Juli tgl. 10–17 Uhr zu besichtigen (oder im Internet unter www.balmoralcastle.com). Regelmäßig verbringt die Königsfamilie hier den Spätsommer – dann ist das Anwesen für die Öffentlichkeit tabu.

Ballater 15 [E6]

Der Bahnhof von Ballater, nunmehr renoviert und zum Museum umfunktioniert, war Endstation der 1966 stillgelegten Deeside Railway. Hier kam Queen Victoria an, wenn sie mit dem Zug ins nahe Balmoral Castle reiste. An dem attraktiven Ferienort ist vieles königlich – so manches Geschäft darf das Zeichen tragen, dass es die königliche Familie mit Waren beliefert.

Hotel/Restaurant

The Auld Kirk €€€

❗ In einer ehemaligen Kirche ist dieses schmucke Hotel und preisgekrönte Restaurant untergebracht.
• Braemar Road | AB35 5RQ
Tel. 01339/755 762
www.theauldkirk.com

Banchory 16 [F6]

Das Städtchen am Dee ist vor allem für seine Antiquitätengeschäfte bekannt, die sich an der Hauptstraße aneinanderreihen.

Hotels

Banchory Lodge Hotel €€€
Kultiviert logiert man hier mit Kaminfeuer und Himmelbett. Schon die Website lohnt einen Besuch.
• Dee Street | AB31 5HS
Tel. 01330/822 625
www.banchorylodge.co.uk

Raemoir House Hotel €€€
Stilvolles Landhaus von 1715, umgeben von einem großen Park.
• Raemoir | AB31 4ED
Tel. 01330/824 884
www.raemoir.com

Stonehaven 17 [F6]

Mit seinem schmucken Hafen, dem altem Stadtzentrum und dem spätmittelalterlichen Tolbooth (ehem. Gerichtsgebäude) ist der Ort an der Nordsee sehr beliebt. Der beheizte Salzwasserpool von 1934 lädt zu einer kleinen Erfrischung ein (Ende Mai bis 1. Septemberwoche, www. stonehavenopenairpool.co.uk).

Restaurants

The Lairhillock €€
Ausgezeichnetes, typisch schottisches Essen mit Pubatmosphäre auf dem Weg von der Royal Deeside nach Stonehaven.
• Netherley | AB39 3QS
Tel. 01569/730 001
www.lairhillock.co.uk

The Tolbooth Seafood Restaurant €€
Ausgezeichnetes Fischrestaurant am pittoresken Hafen, Mo geschl.
50 Dinge ⑭ › S. 13.
• Old Pier Road | Tel. 01569/762 287
www.tolbooth-restaurant.co.uk

Dunnottar Castle 18 ⭐ [F6]

Die Lage der Burg vor der Küste bei Stonehaven hoch über den steil ins Meer abfallenden Felsen zeugt von der einstigen strategischen Bedeutung – hier wurden auch die schottischen Kronjuwelen gehütet – und bietet eine filmreife Kulisse. Nicht ohne Grund gehört sie zu den Schottlands meistfotografierten Burgen (tgl. April–Okt. 9–18, Nov. bis März 10–17 Uhr bzw. bis Sonnenuntergang. 30 Min. vor Schließung letzter Einlass. Die Öffnungszeiten sind wetterabhängig. Info unter Tel. 01330/860 223, www.dunnottarcastle.co.uk).

Montrose 19 [F7]

Die ungewöhnliche Lage auf der Landzunge, die das **Montrose Basin** vom Meer trennt, lässt das nette Hafenstädtchen zur Pilgerstätte für Vogelkundler werden. Ab November fallen hier riesige Scharen von Wildgänsen aus der Arktis ein. Das **Montrose Basin Wildlife Centre** lässt Interessierte am Vogelalltag teilhaben (März–Okt. tgl. 10.30–17, sonst Fr–Mo 10.30–16 Uhr, www.montrosebasin.org.uk).

3 km südlich von Montrose zieht sich der **!** einsame Sandstrand der **Lunan Bay** entlang, deren Ende die Ruine des Red Castle krönt.

Hotel

36 The Mall €€
B & B mit 4-Sterne-Komfort, angenehmen Zimmern und üppigem Frühstück.
• Montrose | DD10 8SS
 Tel. 01674/673 646
 www.36themall.co.uk

Aberlemno 20 [E7]

In dem kleinen Ort kann man drei der schönsten und berühmtesten Piktensteine sehen. In den frühen, aus dem 6./7. Jh. stammenden Class-I-Stein an der Straße sind Schlange, Doppelscheibe und Z-Stab, Spiegel und Kamm eingemeißelt. Auf der Rückseite des späten Kreuzsteins an der Straße sieht man unter zwei beherrschenden piktischen Symbolen berittene Jäger, Hunde und Hirsche. Der Kreuzstein auf dem Friedhof zeigt auf der Rückseite die bekannteste Kampfszene der Piktenkunst.

Erst-klassig

Schottisches Marktleben

• **Greater Grassmarket:** Unweit von Edinburghs Royal Mile wird samstags neben frischen lokalen Produkten und Kunsthandwerk auch ein buntes Unterhaltungsprogramm geboten – Edinburgh Castle immer im Blick. › **S. 62**

• **The Barras Market:** Der immer am Wochenende stattfindende Markt in Glasgow, auf dem man alles nur Erdenkliche erwerben kann, ist ein Muss für Besucher wie Einheimische. › **S. 66**

• **Angus Farmers Market:** Jeden ersten Samstag im Monat werden in der High Street in Montrose lokale Spezialitäten angeboten (www.angusfarmersmarket.co.uk). Gehen Sie zum Stand der Eden Mill aus St Andrews, es ist das einzige Unternehmen in Schottland, das sowohl Whisky produziert als auch Bier braut.

• **Antik-, Flohmärkte, Car Boot Sales:** Klassische Märkte und Märkte mit Waren, die im Kofferraum von Autos ausgelegt werden, sind in ganz Schottland zu finden. Infos für Schnäppchenjäger: www.whatsonscotland.com.

Glamis 21 [E7]

Eingebettet in die sanft gewellte Landschaft von Angus, deren schwarze Rinder delikates Fleisch liefern, liegt Glamis (sprich: »glahms«). Eine Reihenhaussiedlung des frühen 19. Jhs. wurde zum **Angus Folk Museum,** das einen Einblick in den Alltag der arbeitenden Bevölkerung jener Zeit vermittelt (derzeit geschlossen, www.nts.org.uk).

In krassem Gegensatz dazu stehen die Lebensumstände des Hochadels, wie ein Besuch von **Glamis Castle** verdeutlicht. Der Sitz der Familie Bowes-Lyon, auf dem die 2002 verstorbene Königinmutter ihre Jugend verbrachte, ist mit allem Pomp ausgestattet (Mitte April bis

Herrschaftliches Interieur in Glamis Castle

Okt. tgl. 10–17.30 Uhr, letzter Einlass 60 Min. vorher; www.glamis-castle.co.uk).

Dundee 22 [E7]

In der viertgrößten Stadt Schottlands (148 210 Einw.) sind vor allem die beiden Museumsschiffe im Hafen sehenswert: Die **RRS Discovery** diente dem Südpolarforscher Robert Falcon Scott 1901–1904 als Expeditionsschiff (April–Okt. Mo bis Sa 10–18, So ab 11, Nov.–März bis 17 Uhr, www.rrsdiscovery.com).

Die **HMS Unicorn** lief 1824 vom Stapel. Auf der Fregatte kann man sich ein gutes Bild von den grauenhaften Verhältnissen machen, die Seeleute jener Zeit erdulden mussten (April–Okt. tgl. 10–17, Nov. bis März Do–So 12–16 Uhr, www.frigateunicorn.org).

In Dundee wurde im 18. Jh. die berühmte bittere Orangenmarmelade erfunden – aber die Firma arbeitet schon längst in England.

Info
Dundee Information Centre
• 16 City Square | Dundee | DD1 3BG
Tel. 01382/527 527
www.visitscotland.com

Hotel/Restaurant
Fisherman's Tavern Hotel €
Kleines Hotel direkt am Hafen mit vorzüglichem angeschlossenen Pub.
50 Dinge ⑰ › S. 14.
• 10–16 Fort Street | DD5 2AD
Tel. 01382/775 941
www.fishermanstavern-broughtyferry.co.uk

Perth 23 [E7]

Der Ort ist ein beliebtes Ausflugsziel unweit der Highlands am Fluss Tay gelegen. Die zwei hübsch gestalteten Parks laden zum Verweilen ein, an der Uferpromenade lässt es sich gemütlich schlendern, die Innenstadt mit ihren zahlreichen georgianischen Häusern bietet gute Einkaufsmöglichkeiten. Zudem verfügt die Stadt über viele Restaurants und ein umfangreiches Kulturangebot. Perth hat auch mehrmals die Auszeichnung »Britain in Bloom« für seine Blumenpracht erhalten.

Nördlich von Perth wartet der prächtige, im 16. Jh. erneuerte **Scone Palace.** In seinem schönen Park mit seltenen alten Bäumen erhob sich die Krönungskirche der schottischen Könige, Scone Abbey, mit dem berühmten Krönungsstein »Stone of Destiny«, der heute in Edinburgh Castle › **S. 56** aufbewahrt wird (Mai–Okt. tgl. 9.30–17.00, März, April, Okt. 10–16 Uhr, www. scone-palace.co.uk).

Info
Perth Information Centre
• 45 High Street
Perth | PH1 5TJ
Tel. 01738/450 600
www.visitscotland.com

Hotel/Restaurant
Huntingtower Hotel €€€
Umgestaltetes Herrenhaus in großem Park, ca. 1,5 km westlich von Perth gelegen. 34 modern eingerichtete Zimmer, gepflegte schottische Küche, großer Wirtsgarten.

• Crief Road | Perth | PH1 3JT
Tel. 01738/583 771
www.huntingtowerhotel.co.uk

Blair Castle 24 ⭐ [D6/7]

Der nördlich des Städtchens Pitlochry gelegene romantische Sitz der Herzöge von Atholl mit weitläufigem Park birgt wertvolle Kunstschätze, doch wollen viele Besucher vorwiegend die Atholl Highlanders sehen, die letzte legale Privatarmee Großbritanniens. Jedes Jahr im Mai hält die 80 Mann starke Truppe ihre große Parade ab. (April–Okt. tgl. 9.30–17 Uhr; www. blair-castle.co.uk).

Pitlochry [D7] selbst ist bei Touristen vor allem wegen der Lachse beliebt, die hier neben der Betonleiter über die Staumauer in das künstliche Loch Faskally springen – allerdings nur im Juni und Juli. Zahlreiche Geschäfte, in denen man alles Erdenkliche aus Wolle erstehen kann, verführen zu ausgiebigem Einkauf.

Hotel
The Old Mill Inn €€€
Geschmackvolles Hotel in alter Getreidemühle, gute schottische Küche.
• Mill Lane
Pitlochry | PH16 5BH
Tel. 01796/474 020
www.theoldmillpitlochry.co.uk

Pub
Moulin Inn & Brewery €
Bereits 1695 gegründeter, gut geführter Pub mit eigener Mikrobrauerei, die vier Biersorten erzeugt. **50 Dinge** ⑮ › **S. 14.**

• 11 Kirkmichael Road
Pitlochry | PH16 5EW
Tel. 01796/472 196
www.moulininn.co.uk

Stirling 25 [D8]

Die Stadt mit 91 500 Einwohnern
wird von der eindrucksvollen Festung **Stirling Castle** überragt. Der
Vergleich mit Edinburgh drängt
sich auf; der Bau ist nicht nur von
der Anlage her ähnlich, sondern hat
auch eine erhabene Geschichte vor-
zuweisen: In dieser königlichen
Residenz krönte man Maria Stuart
1543 im zarten Alter von neun
Monaten zur Königin von Schottland. Die heute verbliebenen Gebäude stammen zum größten Teil
aus dem 15. und 16. Jh. (April–Sept.
tgl. 9.30–18, Okt.–März 9.30 bis
17 Uhr, www.stirlingcastle.gov.uk).

Das Viertel um den Aufgang zur
Feste ist der älteste und schönste
Teil der Stadt. In interessanten Gebäuden wie **Argyll's Lodging** und der
Great Hall erzählen in der Hauptsaison Menschen in historischen
Gewändern von der facettenreichen
Historie der Bauten. (Argyll's Lodging nur 13–17 Uhr geöffnet, Zeiten für Führungen vor Ort erfragen,
www.stirlingcastle.gov.uk.)

Eine neue Attraktion ist das
südlich von Stirling gelegene **The
Battle of Bannockburn Visitor Centre.** Auf dem Gelände markiert eine
Rotunde mit einem Reiterstandbild
die Stelle, von der aus Robert Bruce
1314 während der Unabhängig-
keitskriege das schottische Heer zu
seinem blutigsten Sieg über die

Engländer führte. Für national-
bewusste Schotten ist diese Schlacht
zum Sinnbild für die Sicherung
der schottischen Unabhängigkeit
geworden (http://battleofbannock
burn.com).

Info

Stirling Tourist Information Centre
• Old Town Jail | St John Street
Stirling | FK8 1EA
Tel. 01786/475 019
www.visitstirling.org

Hotel

The Golden Lion €€
Gepflegtes Mittelklassehotel mit 67
netten Zimmern im Herzen von Stirling,
Bar in der Bibliothek.
• 8–10 King Street
Stirling | FK8 1DQ
Tel. 01786/475 351
www.thegoldenlionstirling.com

Nightlife

Rund ums Schloss führen Schauspieler
im Rahmen eines **Ghost Walks** die
»Welt rastloser Gespenster und verlore-
ner Seelen« vor (Juli, Aug. Di–Sa, Sept.
bis Juni nur Fr und Sa; www.stirling
ghostwalk.com).

Ausflüge ab Stirling
Castle Campbell

20 km östlich von Stirling erhebt
sich am Südrand der Hügelkette der
Ochils hoch über dem bewaldeten
Tal von Dollar Glen das romantische Castle Campbell (April–Sept.
tgl. 9.30–17.30, Okt.–März Sa bis
Mi 10–16 Uhr, www.historicenviron
ment.scot).

Wer den steilen Anstieg zur Burg auf sich nimmt, wird mit einem großartigem Blick über das Forth-Tal belohnt.

Falkland Palace 26 [E8]

55 km östlich von Stirling, nahe Auchtermuchty, liegt das Jagdschloss der Stuart-Dynastie. Teil der Führung durch die Prunk- und Privatgemächer des ab 1501 erbauten Schlosses ist auch eine Erklärung des »Royal Tennis« – das komplizierte Spiel der Könige hat mit heutigem Tennis aber nicht mehr viel gemein (März–Okt. Mo–Sa 11 bis 17, So ab 12 Uhr, www.nts.org.uk).

Am Firth of Forth

Die tief eingeschnittene Nordseebucht, in die der Fluss Forth östlich von Stirling mündet, wird Firth of Forth genannt. An ihrer Nordküste, in der Grafschaft Fife, reihen sich mehrere sehenswerte Fischerdörfer aneinander, darunter das mit schönen Sandstränden gesegnete **Elie.**

Ainster nennen die Einheimischen **Anstruther** 27 [E8], das größte Dorf. Am Hafen informiert das Scottish Fisheries Museum anschaulich über Geschichte und Praxis der Fischerei an dieser Küste und zeigt auch zwei echte Fischerboote, die beim Museum vertäut liegen (April–Sept. Mo–Sa 10 bis 17.30, So 11–17, Okt.–März Mo–Sa 10–16.30, So 12–16.30 Uhr, www.scotfishmuseum.org).

Im Sommer starten von Anstruther aus Bootsausflüge zu den Papageitauchern *(puffins)* auf der

Ausflug zur Isle of May

Isle of May. Verlockend ist auch der 6 km lange **Küstenweg** von Anstruther zum malerischen Hafen von Crail (gute Busverbindung zwischen den Orten).

Hotel

The Spindrift €€
Das viktorianische Gästehaus bietet acht geschmackvoll eingerichtete Zimmer und ein reichhaltiges Frühstück.
• Pittenweem Road
Anstruther | KY10 3DT
Tel. 01333/310 573
www.thespindrift.co.uk

Aktivitäten

• Wanderer kommen auf dem 188 km langen Küsten-Fernwanderweg »The Fife Coastal Path« auf ihre Kosten. Auf den verschiedenen Teilabschnitten passiert man mächtige Burgen, traumhafte Strände und genießt beeindruckende Ausblicke. Die Touren sind für alle geeignet, es wurden sogar drei spezielle Kinderrouten erarbeitet (www.fifecoastalpath.co.uk).

- Auch mit dem Fahrrad kann man die Grafschaft Fife hervorragend erkunden. Rund 500 km Fahrradwege unterschiedlicher Länge und Schwierigkeit stehen zur Auswahl. Sehr schön ist etwa die Rundtour »Fife – the East Neuk« mit Start- und Endpunkt St Andrews. Die Strecke ist zwar rund 60 km lang, aber eher leicht an einem Tag zu bewältigen (www.visitscotland. com/info/see-do/fife-the-east-neuk-p316831).
- Räder vermietet **Spokes** in Kircaldy, Tel. 01592/646 203, oder St Andrews, Tel. 01334/ 477 835, www.spokes cycles.net.
- Wassersportler können Segel-, Paddel- und Tretboote (und auch Fahrräder) bei **Elie Watersports** mieten: Elie Harbour, Tel. 01333/330 962, www. eliewatersports.co.uk.

St Andrews 28 [E7]

Der schmucke Ort ist weltberühmt als Heimat des Golfsports. Prinz William studierte hier Kunstgeschichte. Immerhin ist die Universität von St Andrews die älteste und angesehenste in ganz Schottland (gegründet 1412), und Studenten bestimmen das Straßenbild des Städtchens. Als Autorität in allem, was den Golfsport angeht, gilt der 1754 gegründete »Royal and Ancient Golf Club«; für Enthusiasten unverzichtbar ist ein Besuch im **British Golf Museum** (Sommer tgl. 10–17, Winter bis 16 Uhr; www. britishgolfmuseum.co.uk).

Info

St Andrews Information Centre
- 70 Market Street | KY16 9NU
  Tel. 01334/472 021
  www.visitstandrews.com

Hotel

Fernie Castle €€€
❗ 5-Sterne-Luxusbaumhaus auf dem Gelände eines 480 Jahre alten Schlosshotels nahe St Andrews.
- Cupar | KY15 7RU | Tel. 01337/810 381
  www.ferniecastle.co.uk

St Andrews Old Course Hotel €€€
Großes legendäres Luxushotel auf dem berühmten Golfplatz mit noblem Spa. Attraktive Sonderangebote.
- Tel. 01334/474 371
  www.oldcoursehotel.co.uk

Restaurant

The Peat Inn €€€
In keinem Restaurantführer fehlen Lobeshymnen auf die Gourmetgerichte dieses Gasthauses, das auch edle Zimmer bietet. Restaurant So, Mo geschl.
- Cupar | KY15 5LH
  10 km südwestl. von St Andrews
  Tel. 01334/840 206
  www.thepeatinn.co.uk

Shopping

St Andrews Golf Company
Showroom und Shop der Traditionsfirma für Golfschläger etwas außerhalb von St Andrews.
- 20 St Andrews Road
  Largoward | KY9 1HZ
  Tel. 01334/840 860
  http://standrewsgolfco.com

Oban, vom Wasser aus gesehen

DER WESTEN

Kleine Inspiration

- **In einer Brennerei auf Islay** an einem ausgiebigen Whisky Tasting teilnehmen › S. 113
- **Einen Ausflug zur Insel Staffa machen** mit Mendelssohns Opus 26 im Ohr › S. 116
- **Mit dem »Hogwarts Express« fahren** – dem Jacobite Stream Train von Mallaig nach Fort William › S. 117
- **Am Glenfinnan Monument am Loch Shiel** dem gescheiterten Aufstand von Bonnie Prince Charlie gedenken › S. 118

Edinburgh

Tief eingeschnittene Buchten, bezaubernde Inseln, Lochs und Schlösser prägen Schottlands maritimen Westen. Die »Road to the Isles« von Fort William nach Mallaig führt durch eine atemberaubende Landschaft.

Tief zerklüftet zeigt sich die Grafschaft Argyll im Westen Schottlands. Weit nach Süden ragt die lange Halbinsel Kintyre, nordwestlich davon liegen drei der größten Inseln der Inneren Hebriden: Islay, berühmt für seine Whiskybrennereien, Jura und, nördlich des Firth of Lorn, Mull. Von der kleinen, vor Mull gelegenen Insel Iona aus wurde einst Schottland christianisiert. Seit prähistorischer Zeit haben die Fjorde, Halbinseln und Inseln Besucher angezogen, die sich oft dann auch niederließen. Heute wandeln Touristen auf den Spuren der früheren Siedler, wagen sich mit Segelbooten auf die Lochs hinaus oder besuchen die Highland Games.

In diesem Teil Schottlands breitet sich mit Loch Awe einer der schönsten Seen des Landes aus. Auch Loch Fyne, ein Meeresfjord, an dessen Ufer das georgianische Inveraray liegt, bietet ein großartiges Landschaftserlebnis.

Der Westen ist auch für seine Burgen bekannt, wie das Castle Stalker, das majestätisch aus dem Meer herausragt, oder auch Kilchurn Castle am Loch Awe.

Geschäftiger Mittelpunkt für Überfahrten auf die Inseln der Inneren Hebriden ist die Hafenstadt Oban am Firth of Lorn. Landeinwärts, am Ende von Loch Linnhe, liegt als weiteres touristisches Zentrum des Westens Fort William, das über eine hervorragende touristische Infrastruktur verfügt. Fort William gehört schon zur Grafschaft Invernessshire, ebenso wie die einsame Halbinsel Morvern, die auf drei Seiten von Loch Linnhe, den Sound of Mull und Loch Sunart begrenzt wird.

Touren in der Region

Islay und Jura

Route: Tarbert › Kennacraig › Port Ellen (Islay) › Port Askaig › Jura › Port Askaig › Kennacraig

Karte: Seite 110
Dauer: 3 Tage

Praktische Hinweise:
• Die letzte Fähre von Feolin (Jura) verkehrt um 18.40 Uhr, man kann also am zweiten Tag der Tour auf Jura übernachten oder diese Fähre zurück nach Port Askaig (Islay) nehmen.

Tour-Start:

Die Tour zu den beiden Inseln beginnt in der reizenden Hafenstadt **Tarbert** **3** › **S. 112** am nördlichen Ende der Halbinsel Kintyre. In südlicher Richtung geht es weiter zum Hafen von Kennacraig, ein eher unbedeutender Ort, aber Hafen für die Fähre nach **Port Ellen** auf der Insel **Islay** **5** › **S. 113**. Port Ellen ist ein schmuckes Hafenstädtchen mit weißen Häusern am Hafen und einem quadratischen Leuchtturm. Gleich drei der acht Whiskybrennereien › **S. 48** auf Islay liegen in der Nähe von Port Ellen. Die Rundfahrt führt zur windumtosten Westküste, vorbei am Whiskystädtchen **Bowmore**, und endet zunächst in Port Charlotte, wo man das Wildlife Information Centre mit einem kleinen Aquarium besuchen kann.

Von Port Charlotte geht es am nächsten Tag nach **Port Askaig**, von wo die Feolin Ferry in knapp zehn Minuten nach **Jura** **6** › **S. 113** übersetzt. Die Insel hat lediglich 250 Einwohner und ist besonders bei Rotwildjägern beliebt. Die Fahrt führt durch den Hauptort der Insel, **Craighouse**, in dem sich das gesamte gesellschaftliche Leben von Jura abspielt. Hier arbeitet auch die Isle of Jura Distillery (www.jurawhisky.com). Eine schmale Straße führt in den abgeschiedenen Norden der Insel. Übernachten kann man nur in Craighouse.

Am dritten Tag geht es mit der Jura Ferry zurück nach Port Askaig und von dort mit der CalMac-Fähre wieder aufs Festland nach Kennacraig.

 ## Tour 7 Mull & Schottlands schönste Straße

> **Route:** **Oban › Craignure (Isle of Mull) › Fionnphort › Iona › Fionnphort › Tobermory › Lochaline › Strontian › Castle Tioram › Mallaig › Glenfinnan › Fort William**
>
> **Karte:** Seite 110
> **Dauer:** 4 Tage
> **Praktische Hinweise:**
> • Autos von Touristen sind auf Iona nicht zugelassen, daher kann man die Insel nur zu Fuß oder mit dem Fahrrad besuchen.

Tour-Start:

Ein herrliches Fotomotiv bietet das trutzige **Duart Castle** schon bei der ca. 45-minütigen Überfahrt von **Oban** **7** › **S. 114** zur **Isle of Mull** **9** › **S. 115**. Die Inselrundfahrt beginnt

Duart Castle auf der Insel Mull

in südwestlicher Richtung auf der A 849 durch eine menschenleere aber bezaubernde Landschaft, die zu einer entspannten Fahrt einlädt. Schöne Wandermöglichkeiten bei **Lochbuie** [B7] verlocken zu einem Abstecher an die Küste. Ein anspruchsvoller Ausflug ist die 9 km lange Wanderung vom Pier in Carsaig zur großen Höhle Nun's Cave.

Die Tour folgt der Straße am Loch Scridain vorbei zum Hafen von **Fionnphort** › S. 115. Nur zehn Minuten dauert die Fahrt zur Insel **Iona** 10 › S. 116, wo die Missionierung der Pikten durch den hl. Columba ihren Anfang nahm.

Auf der nächsten Etappe geht es von Fionnphort zunächst wieder zurück am Loch Scridain entlang, dann aber nordwestlich am Massiv des kahlen Ben More und an der Privatinsel Ulva vorbei. Immer weiter längs der Westküste kommt man durch die Orte Ensay und Dervaig und schließlich in die Inselhauptstadt **Tobermory** › S. 115, dem Tagesziel, das mit seinen bunten Häusern ein hübsches Bild vermittelt.

Am nächsten Tag führt die Route entlang dem Sound of Mull zum kleinen Fährhafen von Fishnish, wo man in nur 15 Minuten nach **Lochaline** 12 › S. 117 auf der Halbinsel Morvern übersetzt. Durch Hoch-

landtäler geht es nordwärts bis zum Loch Sunart, wo als erster größerer Ort **Strontian** 13 › S. 117 erreicht wird, dessen Name nicht von ungefähr an radioaktive Isotope erinnert. Immer am Ufer von Loch Sunart entlang, gelangt man schließlich zur Ruine des majestätischen **Castle Tioram** 14 › S. 117.

Ziel des dritten Tages ist die Hafenstadt **Mallaig** 15 › S. 117, auch Ausgangspunkt für die Überfahrt auf die **Insel Skye** › S. 128.

Den letzten Tag dieser Tour krönt die Fahrt auf wohl einer der schönsten Panoramastraßen Schottlands, der **Road to the Isles** › S. 118. Die Straße führt am Loch Eilt vorbei bis zum **Glenfinnan-Monument** › S. 118, wo Bonnie Prince Charlie 1745 die Clans zu den Waffen gerufen hatte. Die Säule des Denkmals kann bestiegen werden und eröffnet einen grandiosen Blick auf den Loch Shiel. Weiter geht es durch unbewohnte Gegend am Loch Eil vorbei, der bei **Fort William** 17 › S. 118 in den Loch Linnhe mündet. Bei schönem Wetter kann man von hier den **Ben Nevis** › S. 118 sehen, Großbritanniens höchsten Berg.

In Fort William, dem touristischen Zentrum der Region endet die mit landschaftlichen Highlights gespickte Reise.

Touren im Westen

Tour 6

Islay und Jura

Tarbert › Kennacraig › Port Ellen (Islay) › Port Askaig › Jura › Port Askaig › Kennacraig

Tour

Mull & Schottlands schönste Straße

Oban › Craignure (Isle of Mull) › Fionnphort › Iona › Fionnphort › Tobermory › Lochaline › Strontian › Castle Tioram › Mallaig › Glenfinnan › Fort William

Unterwegs im Westen

Inveraray und Loch Awe

Am Nordwestufer von Loch Fyne liegt das im 18. Jh. angelegte hübsche **Inveraray** **1** [C7] mit seinem ungefähr zur gleichen Zeit entstandenen **Castle,** das ein herrlicher Park umgibt. Der üppig ausgestattete Herrensitz birgt eine Gemäldesammlung mit Werken u.a. von Gainsborough, Ramsay und Raeburn (April–Okt. tgl. 10–17.45 Uhr; www.inveraray-castle.com).

Im **Inveraray Jail** kann man nachvollziehen, wie es den Gefangenen einst erging; Schauspieler stecken den einen oder anderen Besucher ins Kittchen (tgl. April–Okt. 9.30 bis 18, Nov.–März 10–17 Uhr; www. inverarayjail.co.uk).

Nördlich von Inveraray steht **Kilchurn Castle** **2** [C7], eine romantische Festung aus dem 15. Jh., am Ufer von **Loch Awe.** Es lohnt sich, den bezaubernd gelegenen See, mit 39 km der längste Schottlands, einmal ganz zu umrunden. Angler lieben ihn wegen seines reichen Forellenbestands, auch Lachse ziehen den Loch hoch. Auf den Inseln im See sieht man weitere Burgruinen.

Info

Inveraray Information Centre
• Front Street
  Inveraray | PA32 8UY
  Tel. 01499/302 063
  www.visitscotland.com

Kintyre

Tarbert **3** [B8]

Der kleine Ort mit seinem entzückenden Hafen, den bunten Häusern und den Ruinen einer Burg von Robert Bruce bildet das Tor zur weit nach Süden ragenden, landschaftlichen reizvollen **Halbinsel Kintyre.** Segler steuern Tarbert gern wegen seiner guten Infrastruktur an. Man sollte hier bleiben, wenn man die Überfahrt nach Islay plant, denn der Fährhafen **Kennacraig** hat touristisch wenig zu bieten.

Info

Tarbert Information Centre
• Harbour Street
  Tarbert | PA29 6UD
  Tel. 01880/739 136
  www.visitscotland.com

Hotel

Stonefield Castle Hotel €€€
Der neobaroniale Bau 3 km außerhalb von Tarbert mit seinem üppigen Garten lässt keine Wünsche offen.
• Tel. 0843/178 7141
  www.bespokehotels.com/
  stonefieldcastle

Campbeltown **4** [B9]

Die Stadt im Süden von Kintyre hat sich weitgehend ihren viktorianischen Charakter erhalten. Zum Verweilen lädt der Linda McCartney Memorial Garden ein – Paul McCartneys verstorbene Frau lebte lange als Fotografin hier.

Die Laphroaig Distillery auf Islay

Weiter nach Süden führt die Straße bis zur Landspitze am **Mull of Kintyre,** wo man bei guter Sicht das nur 20 km entfernte Nordirland erspähen kann.

Islay und Jura

Allein schon die Kostproben der Whisky-Brennereien › **S. 48** auf der Insel sind die Reise nach **Islay** **[A8/9]** wert. Von der Hauptstraße nach Bowmore zweigt ein Fahrweg nach **Kintra** ab, wo ein hübscher Campingplatz mit einem anständigen B & B nebenan sowie ein 8 km langer **!** feinsandiger Strand warten. Der Golfplatz in den Dünen gilt als besondere Herausforderung.

Im Westen von Islay, auf der Halbinsel **Rhinns of Islay** liegt der malerische Ort **Port Charlotte** mit dem Museum of Islay Life (April bis Sept., Tel. 01496/850 358).

Islay weist eine ganze Reihe vor- und frühgeschichtlicher Stätten auf, darunter auch den Steinkreis von Cultoon im Süden der Rhinns und mehrere keltische Kreuze; eines davon steht bei der Kirche von Kilchoman.

Die einzige Straße von **Jura** **6** **[A/B8]** umrundet die Gebirgslandschaft der Paps of Jura und schlängelt sich die Ostküste entlang nach Norden. Auf der mit rund 368 km² recht großen Insel trifft man kaum einen Menschen. In Barnhill, einem abgeschiedenen Farmhaus im Norden, schrieb George Orwell 1947/48 an seinem Roman »1984«. Das Haus ist allerdings nicht zugänglich.

Info

Bowmore Information Centre
• The Square | Bowmore | PA43 7JP
  Tel. 01496/305 165
  www.islayinfo.com

Verkehr

• Die CalMac-Fähre nach Islay steuert
  von Kennacraig aus je zweimal täglich
  das im Norden gelegene Port Askaig
  sowie Port Ellen im Süden an. Die
  Überfahrt dauert 1 Std. 55 Min.
• Nach Jura setzt man in ca. 5 Min. von
  Port Askaig nach Feolin über (www.
  calmac.co.uk).

Hotels

Bridgend Hotel €€€

Geschmackvoll eingerichtetes Hotel mit einem erstklassigen Restaurant, umgeben von wunderschöner Landschaft.

• ca. 4 km östl. von Bowmore | Islay PA44 7PB | Tel. 01496/810 212 http://bridgend-hotel.com

Port Charlotte Hotel €€€

Empfehlenswertes Haus in Panoramalage mit guter Küche.

• Port Charlotte | Islay | PA48 7TU Tel. 01496/850 360 www.portcharlottehotel.co.uk

Jura Hotel €€

Im einzigen Hotel auf Jura findet auch weitgehend das ganze Inselleben statt.

• Craighouse | Isle of Jura | PA60 7XU Tel. 01496/820 243 www.jurahotel.co.uk

Restaurant

Harbour Inn €€€

Ausgezeichnetes Spezialitäten-Restaurant am Hafen mit reichem Whiskyangebot. Reservierung erforderlich.

• Bowmore | Islay | PA43 7JR Tel. 01496/810 330 www.harbour-inn.com

Oban **7** [B7]

Der Ort bildet quasi das Tor zu den Hebriden. Von hier legen die Fähren nach Mull, Barra, South Uist und Colonsay sowie zu den näher gelegenen Inseln Kerrera und Lismore ab, daneben ist das Hafenstädtchen Touristenzentrum für ganz Argyll. Auch die ländliche Bevölkerung der Region kauft hier ein.

Auf der Anhöhe hinter dem Hafen steht **McCaig's Tower,** der auf den ersten Blick an das Kolosseum von Rom erinnert. Der Bankier John Stuart McCaig ließ das Gebäude um 1897 als eine Art Arbeitsbeschaffungsmaßnahme für die einheimische Bevölkerung errichten. Es wurde nie vollendet, doch die Aussicht über die Oban Bay nach Mull lohnt den Aufstieg.

Info

Oban Information Centre

• 3 North Pier | Oban | PA34 5QD Tel. 01631/563 122 www.oban.org.uk

Hotels

Manor House €€€

Hier nächtigten schon die Grafen von Argyll. Den exzellenten Ruf verdankt das Haus auch seiner Küche.

• Gallanach Road Oban | PA34 4LS Tel. 01631/562 087 www.manorhouseoban.com

Beechgrove €€

B & B in einer ruhig gelegenen viktorianischen Villa hoch über der Stadt.

• Croft Road | Oban | PA34 5JL Tel. 01631/566 111 www.obanbedandbreakfast.co.uk

Aktivitäten

Corryvreckan Cruising Ltd.

Unter fachkundiger Anleitung kann man auf der schnittigen 20-m-Ketch Corryvreckan mehrere Tage segeln. An Bord wird man fürstlich versorgt.

• Tel. 01483/200 242 www.corryvreckan.co.uk

Lismore 8 [B7]

Empfehlenswerte Ziele auf der Insel im Loch Linnhe sind der **Broch** (Rundturm) bei Tirefour aus den ersten nachchristlichen Jahrhunderten und die Ruine von **Achadun Castle,** ein ehemaliger Bischofspalast an der Südwestküste – die Insel war 1200–1507 Sitz der Diözese Argyll. Man kann noch die Reste der ehemaligen Kathedrale besichtigen.

Fährverbindung

- Von Oban tgl. 2- bis 5-mal, ca. 50 Min.
- Von Port Appin tgl. durchgehend bis abends, ca. 10 Min., nur Fußgänger und Radfahrer.
- www.calmac.co.uk.

Mull und seine Inselwelt

Isle of Mull 9 [A/B7]

Von Oban aus erreicht man Mull problemlos mit der CalMac-Fähre, vorbei am eindrucksvoll auf einem Landvorsprung gelegenen **Duart Castle** – seit dem 14. Jh. mit Unterbrechungen Sitz der Chiefs des Clan MacLean (April So–Do 11–16, Mai bis 18. Okt. tgl. 10.30–17 Uhr; www. duartcastle.com).

Vom Fährhafen **Craignure** führt die A 849 in westlicher Richtung vorbei am Loch Scridain zum rund 70 Einwohner zählenden Ort **Fionnphort,** von wo die Fähren nach Iona und Staffa ablegen. Hauptort auf Mull ist **Tobermory** im Nordwesten, eine von mehreren Ansiedlungen, die im 18. Jh. von der »British

Bunte Häuser in Tobermory

Fisheries Society« als Fischereihäfen aus dem Boden gestampft wurden. Die bunten Fassaden der Häuser an der Uferstraße verleihen dem Ort dennoch eine fröhliche Atmosphäre. Freizeitkapitäne schätzen den sicheren Hafen als Ankerplatz.

Stolz ist man in Tobermory auch auf die einzige Whiskybrennerei, die 1798 gegründet wurde, denn nach Ansicht der Inselbewohner schmeckt man den Geist und die Schönheit von Mull aus den verschiedenen Whiskysorten heraus (ganzjährig, Touren stündlich Mo bis Fr 10–17, Sa/So bis 16 Uhr, http://tobermorydistillery.com)

Info

Craignure Information Centre

- The Pier | Craignure | PA65 6AY
  Tel. 01680/812 377
  www.isle-of-mull.net

Fährverbindung

- Oban–Craignure ca. 45 Min., Mo–Sa 6- bis 8-mal, So 3- bis 5-mal, Anschluss an die Züge von Glasgow.

Hotels

Strongarbh House €€€
Sehr stilvolles B&B mit nur vier Zimmern auf einem Hügel über der Bucht von Tobermory.
• Tobermory | PA75 6AG
  Tel. 01688/302 319
  www.strongarbh.com

The Tobermory Hotel €€€
18 individuelle Zimmer finden sich in dem 300 Jahre alten Fischerhäuschen; bekannt gute Küche.
• Main Street | Tobermory | PA75 6NT
  Tel. 01688/302 091
  www.thetobermoryhotel.com

Restaurant

Tobermory's Fish & Chip Van €
Der Fisch an diesem Imbissstand kommt ❗ fangfrisch vom Boot direkt in die Fritteuse. Als Spezialität gelten die frischen Jakobsmuscheln. Selbst Prinz Charles hat sich von der Qualität überzeugen lassen.
• Fischermen's Pier | Tobermory
  www.tobermoryfishandchipvan.co.uk

Aktivitäten

Explore Mull
Die Natur um die Insel herum lädt zu Boottrips ein, die Besucher ganz nahe an Wale, Delfine und Seevögel bringt.
• Ledaig Car Park | Tobermory
  PA75 6NT | Tel. 01688/302 875
  www.isle-of-mull.net

Iona 🔟 ⭐ [A7]

Die Insel ist weltweit berühmt als Wiege des schottischen Christentums: Hierher kam der hl. Columba anno 563 mit seinen irischen Mönchen, um die Pikten zu bekehren. In späteren Jahrhunderten überfielen die Wikinger die Insel mehrmals, doch erst die Enteignung der katholischen Besitzungen im 16. Jh. brachte das Ende für das Kloster.

Von den erhaltenen Gebäuden ist die **Kathedrale** bei Weitem das größte. Die meisten dieser Bauten waren zu Beginn des letzten Jahrhunderts stark verfallen, ehe die 1938 von Dr. George Macleod gegründete »Iona Community« sie hingebungsvoll restaurierte. Der Friedhof hat für Schotten eine große symbolische Bedeutung: Er war bis ins 11. Jh. Begräbnisstätte der schottischen Königsgeschlechter; neben sieben norwegischen und vier irischen Königen sollen hier 48 schottische Herrscher bestattet sein, u. a. auch der von Macbeth erschlagene König Duncan (April–Sept. tgl. 9.30 bis 17.30, sonst 10–16 Uhr; www.historicenvironment.scot).

Da Iona im Sommer völlig überlaufen ist, sollte man gleich die erste Morgenfähre nehmen (So–Fr 8.45, Sa 8.15, im Winter Mo–Sa 8.45 Uhr, Tel. 0800/066 5000).

Hotel

Argyll Hotel €€
Kleines behagliches Hotel, ideal, um das Flair des Ortes zu genießen.
• Isle of Iona | PA76 6SJ
  Tel. 01681/700 334
  www.argyllhoteliona.co.uk

Staffa 1️⃣1️⃣ ⭐ [A7]

Von den Anlegestellen auf Iona und in Fionnphort werden Bootstouren zur Insel mit ihren imposanten Basaltsäulen und der als **Fingal's Cave** bekannten Höhle angeboten. Wer

Die um 1500 auf der Insel Iona errichtete Kathedrale

mag, kann sich unterwegs Mendelssohns Opus 26 (»Die Fingalshöhle«) auf dem MP3-Player anhören und Theodor Fontanes Inselbeschreibung in »Jenseit (sic!) des Tweed« lesen – nicht ohne sich Fontanes Warnung zu Herzen zu nehmen: »Die Zahl der Seekranken wuchs.«

Morvern

Hauptort der Halbinsel Morvern ist das schön über dem Sound of Mull gelegene **Lochaline** 12 [B7], von dem die Fähre nach Fishnish auf Mull geht. Das Städtchen ist Ausgangspunkt für Touren in die dünn besiedelte Region mit ihrer unberührten Natur.

Der größte Ort auf Morvern heißt **Strontian** 13 [B6]. In den Bleiminen hier wurde im 18. Jh. ein neues Mineral entdeckt, aus dem das Element Strontium isoliert wurde. Seit Anfang des 20. Jhs. sind die Stollen allerdings geschlossen.

Castle Tioram 14 [B6]

Die Burgruine aus dem 14. Jh. liegt im Tidenbereich des kleinen Loch Moidart. Bei Ebbe wirkt die Burg im feucht schimmernden Schlick märchenhaft verwunschen, bei Flut ragt sie stolz aus dem Wasser empor.

Mallaig 15 [B6]

Das kleine, lebhafte Fischerdorf ist v. a. bekannt als Endstation des **Jacobite Steam Train** › S. 119 von Fort William. Berühmtheit erlangte dieser Zug als »Hogwarts Express« der Harry-Potter-Filme. Auch der Bahnhof diente als Kulisse. Von Mallaig geht die Fähre nach Skye › S. 128.

Hotel
Seaview Guesthouse €€
Familiär geführtes, gemütliches B&B.
• Main Street | Mallaig | PH41 4QS
Tel. 01687/462 059
www.seaviewguesthousemallaig.com

Glenfinnan 16 [B6]

An diesem geschichtsträchtigen Ort
war Bonnie Prince Charlie als An-
führer des Jakobitenaufstands im
Juli 1745 an Land gegangen, um die
Clans zu seinen Fahnen zu rufen.
Diese Stelle markiert eine begehba-
re Gedenksäule; von oben schweift
der Blick über den eindrucksvollen
Loch Shiel (April–Juni, Sept., Okt.
10–17, Juli–Aug. ab 9.30 Uhr; www.
nts.org.uk).

Dass das Tal von Glenaladale damals immerhin 100 Mann in den
Kampf entsenden konnte, während
es heute völlig unbewohnt ist, verdeutlicht, welches weitere Schicksal
der Region bestimmt war.

Fort William 17 [C6]

Ehemals eine Garnison der Londo-
ner Regierungstruppen, steht Fort
William heute ganz und gar der
Touristeninvasion offen. Der Ort ist
Regionalzentrum und ein wichtiger
Verkehrsknotenpunkt.

Anschaulich präsentiert das **West
Highland Museum** am Cameron
Square die wechselhafte Geschichte
der Region (April–Okt. Mo–Sa 10
bis 17, Nov.–März bis 16 Uhr, Eintritt frei; www.westhighlandmuse
um.org.uk).

Ben Nevis [C6]

Ausgangspunkt zur Besteigung des
höchsten Bergs in Großbritannien
(1344 m) ist Fort William.

Wer auf den Ben Nevis steigen
möchte, sollte sich auf die unzuver-
lässigen Wetterverhältnisse auf der
rund 18 km langen Strecke hin und
zurück einstellen und nur mit ge-
eigneter Ausrüstung starten. Der
Gipfel belohnt bei schönem Wetter
jedoch den anstrengenden Aufstieg
mit einer grandiosen Aussicht. In
der Hauptsaison kann es allerdings
ziemlich voll werden.

SEITENBLICK

Road to the Isles 8

Eine der schönsten Straßen in Schottland ist wohl die »Straße zu den Inseln«, die
von Fort Wiilliam über die Küste von Loch Eilt und das Glenfinnan-Monument bis
nach Mallaig führt. Sandstrände, traumhafte Ausblicke, kleine Buchten, wunderbare Badestrände und Rhododendronwälder säumen diese Traumstraße.

Der schönste Streckenabschnitt beginnt am Loch Eilt, wo sich bewaldete Berge
an den Ufern erheben und kleine, mit Kiefern bewachsene Inseln den See bede-
cken. Hinter Lochailort säumen Eichen- und Birkenwälder den Weg nach Arisaig.
Von dort ziehen sich bis Morar die schönsten Strände Schottlands hin, die zu
Recht den Namen Silver Sands of Morar tragen und Blicke auf die Inseln Rum
(Rhum) und Eigg freigeben.

Wer die Strecke nicht im eigenen Auto zurücklegen möchte, kann auf den Jacobite Train › S. 117 umsteigen, dessen Streckenführung teilweise parallel zur Auto-
straße führt. Die Trasse gilt als eine der eindrucksvollsten Bahnstrecken weltweit.

Info
Fort William Information Centre
• 15 High Street
Fort William | PH33 6DH
Tel. 01397/701 801
www.visit-fortwilliam.co.uk
www.visithighlands.com

Hotel
Crolinnhe Guesthouse €€€
Das viktorianische Gästehaus auf einer
Anhöhe bietet einen weiten Blick über
Loch Linnhe.
• Grange Rd. | Fort William | PH33 6JP
Tel. 01397/703 795
www.crolinnhe.co.uk

Restaurant
Crannog €€€
Exzellentes Seafood-Restaurant am
Pier mit Blick auf den Loch Linnhe.
• Town Pier
Fort William | PH33 6DB
Tel. 01397/705 589
www.crannog.net

Aktivitäten
Snowgoose Mountain Centre
Angeboten werden geführte Bergtouren
und Kanufahrten in den Highlands, von
einfach bis zur ernsthaften Herausforderung.
• Station Rd. | Corpach/Fort William
Tel. 01397/772 467
www.highland-mountain-guides.co.uk

Jacobite Steam Train
› S. 117
Mai–Okt. tgl. zwischen ein und meistens
zwei Fahrten, Einzelticket £ 19,50, Rück-
fahrticket £ 35.
• Tom-na-Faire | Station Square
www.westcoastrailways.co.uk

Glen Coe 18 9 [C7]

Am Eingang zu einer der eindrucksvollsten, dramatischsten und wild-
romantischsten Landschaften ganz
Schottlands, dem Glen (= Tal) Coe,
liegt das Dorf Glencoe. Die Park-
und Campingplätze, Besucherzen-
tren usw. können dem Tal seine
wuchtige Majestät nicht nehmen.
Im Herzen der Schotten spielt dieses Tal eine besondere Rolle (› **Seitenblick unten**). Das **Visitor Centre**
des National Trust bringt die Landschaft und ihre Geschichte nahe
(Ostern–Okt. tgl. 9.30–17.30, Nov.
bis März Do–So 10–16 Uhr, www.
glencoe-nts.org.uk).

SEITENBLICK

Das Massaker im Glen Coe
Im Februar 1692 trafen Truppen unter
Führung von Robert Campbell of
Glenlyon im Glen Coe bei den hiesi-
gen MacDonalds ein und baten unter
einem Vorwand um Aufnahme. Die
Regierung in London hatte befohlen,
an diesem mächtigen und aufsässi-
gen Highland-Clan ein Exempel zu
statuieren, und so erhoben sich
Campbells Soldaten eines Morgens
und töteten 38 Talbewohner, denen
es nicht mehr gelang, mit ihren
Verwandten in die Berge zu fliehen.
Dieser Vorfall schuf viel böses Blut
zwischen den MacDonalds und den
Campbells und schürte das Miss-
trauen der Clans gegen die Zentral-
regierung – viele Highlander begrif-
fen die 23 Jahre später einsetzenden
Jakobitenaufstände auch als Rache
für Glen Coe.

HIGHLANDS & ISLANDS

Kleine Inspiration

- **Auf der Isle of Skye** den bizarren Old Man of Storr erklimmen › S. 130
- **Bei einem Cèilidh im Pub** mittanzen, z.B. in Floodygarry auf Skye › S. 130
- **Zum Birdwatching** nach Handa Island fahren › S. 138
- **Am Traumstrand von Sandwood Bay** wandern und nach Meerjungfrauen Ausschau halten › S. 139
- **Im Dunrobin Castle** die prunkvolle Einrichtung und die traumhaft schöne Gartenanlage bewundern › S. 142

Edinburgh

Die Highlands sind das Schottland der Träume, mit Burgen, Bergen und Seen. Einzigartig sind auch die Hebriden mit ihrer landschaftlichen Schönheit und den z.T. noch lebendigen gälischen Traditionen.

Die Insel Skye gilt als die schönste der Hebrideninseln mit ihrer dramatischen Bergwelt der Cuillins, der zauberhaften Natur und den weit ins Land greifenden Buchten. Die Infrastruktur ist durch die leichte Zugänglichkeit über die Skye Bridge sehr gut.

Die Äußeren Hebrideninseln Harris und Lewis, North Uist, Benbecula und South Uist sowie Barra sind fast ein Urlaubsziel für sich, nicht nur wegen der Anreise, sondern auch aufgrund ihres eigenständigen Charakters. Vom Großteil des schottischen Festlands unterscheiden sie sich durch Sprache und Landschaft. Alle Straßenschilder sind gälisch beschriftet, und sonntags kommt das Inselleben zum Stillstand.

An der wilden Atlantikküste im Westen trifft man abseits der Hauptverkehrswege manchmal stundenlang auf keine bewohnte Behausung. Fjordartige Lochs dringen tief ins Land ein, und zusammen mit den zahllosen Süßwasserseen lassen sie manchmal den Eindruck aufkommen, das Land dazwischen sei eigentlich nur geduldet. Doch dann erhebt sich wieder ein massiver Felskegel wie der Suilven. Burgen und Schlösser machen sich hier rar.

The Old Man of Storr, Isle of Skye

Der Strand Tràigh Mheilein im Westen von Harris, gegenüber der kleinen Insel Scarp

Die Nordküste zwischen Cape Wrath und John o' Groats gehört zum Spektakulärsten, was man in Europa zu sehen bekommt. Die Hauptstraße entfernt sich immer wieder von der Küste, und man müsste in jede Nebenstraße zur Linken einbiegen, um keine der einsamen Buchten und hoch aufragenden Felstürme zu verpassen.

Inverness, die Hauptstadt der Highlands, besticht durch ihren viktorianischen Charakter mt den fein herausgeputzten Häusern. Von hier aus lassen sich zahlreiche kurze Ausflüge unternehmen, die zu weiten Sandstränden, geschichtsträchtigen Orten, prachtvollen Burgen – oder auch zum Ungeheuer von Loch Ness führen.

Touren in den Highlands & Islands

Tour 8

Rundtour: Isle of Skye

Mallaig › Armadale (Skye) › Dunvegan › Portree › Kyle of Lochalsh › Plockton

Tour 9

Die Äußeren Hebrideninseln Lewis & Harris

Portree (Skye) › Tarbert (Harris) › Stornoway (Lewis) › Ullapool › Inverness

Orkney-Inseln Dunnet Head Stroma
John o'Groats
Cape Wrath Balna-keil Durness Strathy Point Dounreay Thurso 30 836 31 Duncansby Head
Keoldale 28 Midfield Skerray Farr Armadale Golval Sinclair Castle 99
Sheigra Kinlochbervie Loch Eriboll 836 Bettyhill 29 Girnigoe Castle Wick 32
Handa Island 27 Tarbet Eriboll Tongue Dalhalvaig Grey Cairns of Camster 99
Laxford Bridge 838 Lybster
Scourie Altnaharra Strathnaver Loch Naver Kinbrace Latheron Hill o'Many Stanes
Kylestrome Kildonan Dunbeath
11 Kylesku Ben More Assynt 998 Berriedale
26 Lochinver Suilven 731 Lairg Brora 9 33 Helmsdale
Knockan Invershin 34 Dunrobin Castle NORDSEE
25 Achiltibuie Coigach Croick Church 35 Dornoch Castle Dornoch
11 Ullapool 24 Ardgay Skibo Castle 36 Tain
10 Beinn Dearg 1081 9 Invergordon Nigg 37 Branderburgh-Lossiemouth
Braemore 9 Alness Cromarty Burghead Elgin
Beinn Eighe National Nature Reserve 835 Dingwall Udale 11 96 Forres
21 Kinlochewe 9 Munlochy Black Isle Nairm Rothes
Inverpolly N.R. Achnasheen Croy Cawdor Castle 40 Ferness Craigellachie
NORTH WEST HIGHLANDS 38 39 Culloden Aberdeen 95
Shiel Bridge Inverness Davior Grantown-on-Spey
87 Cannich Drumnadrochit Urquhart Castle Tomatin Carrbridge Tomintoul
Glass 41 Carn Odhar 798 Cairngorms Corgarff
887 Aviemore National
42 Invergarry Kingussie Park Braemar
Loch Quoich 86 Newtonmore Avon 93
Spean Bridge Laggan GRAMPIAN MOUNTAINS
Glasgow Loch Bricht 9 Edinburgh

Tour 10

Von Plockton nach Ullapool

Plockton › Applecross › Shieldaig › Kinlochewe › Gairloch › Ullapool

Tour 11

An der Küste von Ullapool nach Inverness

Ullapool › Achiltibuie › Lochinver › Durness › Bettyhill › Thurso › John o' Groats › Wick › Helmsdale › Dornoch › Tain › Cromarty › Inverness

Touren in der Region

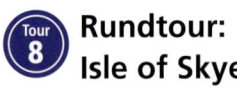

Rundtour: Isle of Skye

Route: Mallaig › Armadale (Skye) › Dunvegan › Portree › Kyle of Lochalsh › Plockton

Karte: Seite 122
Dauer: 2 Tage
Praktische Hinweise:
- Wer den Old Man of Storr S. 130 besteigen möchte, sollte früh aufbrechen, denn der Parkplatz am Fuß des Berges ist recht klein.
- Als Alternative kann man den Bus Nr. 57 A nehmen, der in der Nähe des Aufstiegspunkts hält (viermal täglich ab Portree, Dauer 17 Min.).

Tour-Start:

Die Fähre von CalMac verbindet **Mallaig** › S. 117 in 30 Min. mit Armadale auf der Halbinsel Sleat. Dieser südöstliche Teil der Insel **Skye** **1** › S. 128 wird mit seinen Wäldern, üppig blühenden Rhododendren und den prächtigen Gärten des Armadale Castle auch »Garten von Skye« genannt. Das Gebiet gehört dem MacDonald-Clan, über dessen Geschichte man im **Clan Donald Centre** › S. 128 einiges erfahren kann.

Man sollte auf der Weiterfahrt Richtung Norden einen Abstecher nach **Elgol** **3** › S. 128 machen, um einen Blick auf die Inseln Rum und Canna zu werfen. Vorbei an den imposanten, bis zu 1000 m hohen Cuil-

lin Hills › S. 128, einem anspruchsvollen Wandergebiet, kann man bei der Brennerei von **Talisker** **4** › S. 128 einen Stopp einlegen. Kenner schätzen den typisch torfig-rauchigen Geschmack dieses Whiskys.

Die Hauptstraße führt schließlich zum **Dunvegan Castle** **5** › S. 129, das seit mehr als 700 Jahren im Besitz des MacLeod-Clans ist. Vom kleinen Bootsanleger am Schloss bringen Boote Besucher zu den vorgelagerten Seehundfelsen.

Der erste Teil der Rundfahrt endet im Hauptort von Skye, dem lebhaften und hübschen Städtchen **Portree** **6** › S. 129, dessen bunt bemalte Häuser und Cafés am Hafen zum Verweilen über Nacht, wenn nicht sogar zu einem längeren Aufenthalt einladen.

Der nächste Tag beginnt mit einer Rundfahrt nördlich der Inselhauptstadt zu einigen unvergleichlichen Naturdenkmälern wie dem **Kilt Rock** › S. 130, dessen Name sich beim Anblick schnell erschließt, oder der bizarren Felsenformation des **Old Man of Storr** › S. 130. Zurückgekehrt nach Portree, kommt man im weiteren Verlauf in südwestlicher Richtung zur Skye Bridge bei Kyleakin, die über eine Länge von 500 m die Insel mit **Kyle of Lochalsh** **16** › S. 135 auf dem Festland verbindet. Eine schmale Straße führt schließlich nach **Plockton** **18** › S. 135 mit seiner schönen Strandpromenade und den geschmackvollen Cottages, wo die Tour endet.

Über 5000 Jahre alt ist der Steinkreis von Callanish

Die Äußeren Hebrideninseln Lewis & Harris

Route: Portree (Skye) › Tarbert (Harris) › Stornoway (Lewis) › Ullapool › Inverness

Karte: Seite 122
Dauer: 3 Tage
Praktische Hinweise:

- Auf der Doppelinsel Lewis und Harris wird noch streng auf die Einhaltung der Sonntagsruhe geachtet – nicht nur Museen und Geschäfte sind geschlossen, sondern auch die meisten Lokale und Tankstellen.
- Auch einige B & Bs nehmen sonntags nur ungern neue Gäste auf. Vor der Reise auf die Inseln ist also eine genaue Planung empfehlenswert.

Tour-Start:

Die Rundreise beginnt in **Portree** 6 › S. 129 auf Skye und führt über den Fährhafen **Uig** › S. 131 nach **Tarbert** 11 › S. 133 auf Harris. Die Insel

Harris ist nicht nur wegen ihres Tweeds berühmt, es bezaubern auch die weiten Sandstrände und das türkisfarbene Meer. Die Fahrt nach Norden führt an bis zu 800 m hohen Bergen vorbei, die Harris von Lewis trennen – geografisch handelt es sich um eine einzige Insel; der nördlichere, flachere Teil ist Lewis. Deren ansehnliche Hauptstadt **Stornoway** 8 › S. 131 ist ein wichtiger Fischereihafen. Der Park rund um Lews Castle – heute ein College – lädt zum Spaziergang ein. In Stornoway endet der erste Teil der Tour.

Andertags, auf dem Weg zur Westküste durch eine Art Mondlandschaft, passiert man bei Arnol das **Black House Museum** 9 › S. 132, ein mit Torffeuer beheiztes Haus ohne Kamin. Die Straße führt schließlich zur Hauptattraktion der Insel, den **Standing Stones of Callanish** 10 › S. 132, eine Megalith-Formation, die zu den bedeutendsten in Europa zählt. Abends nimmt man in Stornoway wieder Quartier.

Am nächsten Tag bringt einen die Fähre von CalMac in zweieinhalb Stunden aufs Festland in den lebendigen Ort **Ullapool** 24 › S. 137, der mit seinen adretten Häuschen durchaus fotogen ist. In dem 1788 gegründeten Ort liegen riesige Fischfrachter und zahlreiche Jachten vor Anker. Wer genug Zeit hat, sollte von hier einen Ausflug auf die **Summer Isles** › S. 137 unternehmen. Weiter geht die Tour durch dichte Wälder und vorbei an zahlreichen, einsam gelegenen Lochs, bis schließlich **Inverness** 38 › S. 144 erreicht ist. In der größten Stadt der Highlands, die auch Verwaltungszentrum der Region ist und zahlreiche Übernachtungsmöglichkeiten bietet, endet die Reise.

Von Plockton nach Ullapool

Route: Plockton › Applecross › Shieldaig › Kinlochewe › Gairloch › Ullapool

Karte: Seite 122
Dauer: 2 Tage
Praktische Hinweise:
• Für diese Tour sollte man sich viel Zeit nehmen, denn die Strecke führt vielfach über kleine Nebenstraßen und bietet zahlreiche Fotostopps.

Tour-Start:

Bevor es von **Plockton** 18 › S. 135 nach Norden geht, sollte man noch einen Abstecher zum **Eilean Donan Castle** 17 › S. 135 machen, einem wahren Postkartenmotiv. Wer Zeit

hat, nimmt danach die einzige Straße auf der Halbinsel Applecross. Sie führt durch den Ort **Applecross** 19 › S. 135 an der Küste entlang und eröffnet wunderbare Ausblicke auf die Inseln Rona und Raasay. Schneller geht es durchs Landesinnere direkt nach **Shieldaig** 20 › S. 135, Ausgangspunkt für Wanderungen in die Region Torridon. Durch eine faszinierende Bergwelt führt die Straße dann nach **Kinlochewe** 21 › S. 136 mit einer Unterkunft mitten in der Natur für die erste Nacht.

Nördlich von Kinlochewe informiert das Visitor Centre des **Beinn Eighe National Nature Reserve** › S. 136 über Britanniens ältestes Naturschutzgebiet. Entlang von Loch Maree, der Schottlands schönster See sein soll, geht es weiter in den ansehnlichen Touristenort **Gairloch** 22 › S. 136, dessen informatives Heritage Museum einen Besuch lohnt. Vor der Weiterfahrt nach **Ullapool** 24 › S. 137 darf ein Besuch des **Inverewe Garden** 23 › S. 136 am Loch Ewe nicht fehlen. Nach einem letzten Stück entlang der zauberhaften Küste endet diese reizvolle Tour schließlich in Ullapool.

An der Küste von Ullapool nach Inverness

Route: Ullapool › Achiltibuie › Lochinver › Durness › Bettyhill › Thurso › John o' Groats › Wick › Helmsdale › Dornoch › Tain › Cromarty › Inverness

Karte: Seite 122
Dauer: 4 Tage
Praktische Hinweise:
• Die Region ist dünn besiedelt und hat wenige Tankstellen. Daher am besten vorher volltanken und einen Reservekanister mitführen.

Tour-Start:

Die Tour in den einsamen Norden Schottlands beginnt im quirligen Städtchen **Ullapool** 24 › **S. 137** und führt zunächst nach **Achiltibuie** 25 › **S. 137**, das von einer eindrucksvollen Berg- und Küstenlandschaft umschlossen ist.

Auf der Nebenstraße längs der Küste kommt man in das herrlich gelegene Dorf **Lochinver** 26 › **S. 137**, das im Sommer bei Urlaubern besonders beliebt ist. Durch menschenleere Landschaft geht es weiter nach **Durness** 28 › **S. 139** an der Nordküste. Weite Sandstrände laden zu ausgedehnten Spaziergängen ein, zudem sind die Kalksteinhöhle **Smoo Cave** sowie **Cape Wrath** › **S. 139** jeweils einen Abstecher wert. In Durness endet die erste Etappe.

Am nächsten Tag geht es weiter nach **Bettyhill** 29 › **S. 139**, einem recht hübschen Ort in herrlicher Umgebung. Viel Zeit sollte man sich nehmen für die Fahrt zum Tagesziel **Thurso** 30 › **S. 139**, dem größten und entsprechend lebendigen Ort an der Nordküste. Vom nahegelegenen Scrabster legen die Fähren auf die Orkney-Inseln ab.

Am nächsten Morgen wird **John o' Groats** 31 › **S. 140** erreicht, der nordöstlichste Ort des schottischen Festlands. Vom Hafen starten Bootsausflüge auf die Orkneys inklusive Vogelbeobachtung.

Die Tour verläuft nun wieder in südlicher Richtung und passiert den ansehnlichen Ort **Wick** 32 › **S. 141**, dessen Gründung auf die Norweger zurückgeht. In **Helmsdale** 33 › **S. 142** besucht man das Timespan Centre zur schottischen Geschichte und lässt den Tag gemütlich ausklingen.

Dunrobin Castle 34 › **S. 142**, ein Schloss mit wunderschönem Garten, liegt anderntags auf dem Weg nach **Dornoch** 35 › **S. 142** mit seinem malerischen Hauptplatz und dem Bischofspalast. Die 892 m lange Dornoch Forth Bridge verkürzt den Weg nach **Tain** 36 › **S. 143** erheblich.

Folgt man jedoch der Straße, die am Fjord entlangführt, sollte man bei Ardgay einen Abstecher ins Landesinnere zur **Croick Church** [C/D4] machen. In dieser Kirche fanden Siedler, die während der Highland Clearances › **S. 143** gewaltsam von ihrem Land vertrieben worden waren, Mitte des 19. Jhs. Unterschlupf.

Für die Fahrt von Tain nach **Cromarty** 37 › **S. 144** bietet sich die Überfahrt mit der kleinsten Autofähre Großbritanniens von Nigg aus an. Die **Black Isle**, an deren Nordspitze Cromarty liegt, verdankt diesen Namen wohl ihrer fast schwarzen Erde und dem großen dunklen Baumbestand. Über die Insel geht es in Richtung Süden nach **Inverness** 38 › **S. 144**, Hauptstadt der Highlands und Ausgangspunkt für schöne Ausflüge in die Region. Hier endet die Nordschottlandtour.

Unterwegs in der Region

Isle of Skye **1** ⭐

Kyleakin heißt der Ort auf der Landspitze, zu der die Skye-Brücke vom Festland führt. Hier kommen die meisten Urlauber auf Skye an; zudem gibt es aber auch noch die Möglichkeit, von Mallaig › **S. 117** die mehrmals am Tag verkehrende Autofähre nach Armadale zu nehmen (30 Min.; Anschluss an die Bahnverbindung von Glasgow/Fort William, www.calmac.co.uk). Nur über eine einspurige Straße von Shiel Bridge ist die kurze Fährverbindung Glenelg–Kylerhea zu erreichen (Ostern–Okt., www.skyeferry.co.uk).

Die Anfahrt gehört jedoch zu den schönsten in der Gegend. Unterwegs sollte man im Glenelg Inn einkehren und die seltsamen runden **Glenelg Brochs**, Steinbehausungen aus dem 1. Jh., besichtigen.

Der Südosten

Den äußersten Südosten von Skye bildet die Halbinsel **Sleat** **2** **[B5/6]** (sprich: »sleht«), das angestammte Land der MacDonalds. Bei der Ruine des Armadale Castle informiert das **Clan Donald Centre** anschaulich darüber, wie sie den Titel Lords of the Isles erwarben und zum bestorganisierten Clan der Gegenwart wurden. (Ostern–Okt. tgl. 9.30 bis 17.30 Uhr; www.clandonald.com).

Auch wenn die Anfahrt über eine Nebenstraße erfolgt, lohnt sich der Weg nach **Elgol** **3** **[B5]**. Am Ende der Straße ist ein Parkplatz, wo in drei Himmelsrichtungen landschaftliche Highlights warten: Im Westen liegt die kleine Insel **Soay**, im Süden sind **Rum** und **Canna** zu erkennen, und im Nordwesten ragen die berühmten **Cuillin Hills** **10** **[B5]** empor. Im Sommer werden am Kai von Elgol Bootsfahrten über die Bucht des Loch Scavaig mitten hinein in die Bergwelt angeboten; man kann an Land gehen und zum **Loch Coruisk** hinaufsteigen. Zwar nicht leicht zugänglich, wurde dieser See zu einem der berühmtesten Anblicke in Schottland, dramatisch verewigt von Malern wie William Turner und Dichtern wie Walter Scott. Infos zu Wanderwegen in den Cuillins gibt es bei der Tourist Information in Broadford (Tel. 01471/ 822 361) oder in Portree › **S. 129**.

Westlich von Carbost liegt an der Küste die **Talisker Distillery** **4** **[A5]**, deren Whisky wegen seines torfigen Aromas beliebt ist (April–Okt. Mo bis Sa 9.30–17, Juni–Sept. So 11–17, Nov.–März Mo–Fr 10–16.30 Uhr; www.discovering-distilleries.com/ talisker).

Hotel/Restaurant

Kinloch Lodge €€€
Hier kann man sich von Claire Macdonald bekochen lassen. Die Autorin mehrerer Kochbücher mit schottischen Rezepten führt mit ihrem Mann, dem heutigen Clan-Chief, das feine Hotel.
• Sleat | IV43 8QY
  Tel. 01471/833 333
  www.kinloch-lodge.co.uk

Portree auf Skye

Dunvegan Castle 5 [A5]

Das Schloss ist schon seit über 800 Jahren Stammsitz der Chiefs des Clans MacLeod. Unter den zu besichtigenden Clanmemorabilien ist v. a. die »Fairy Flag« von Bedeutung. Der Legende zufolge wurde das Banner dem vierten Chief von einer Fee übergeben. Zweimal sei es in der Vergangenheit entrollt worden, als es galt, den Clan aus großer Not zu retten – nach dem nächsten Mal wird seine Macht verbraucht sein. (April–Mitte Okt. tgl. 10 bis 17.30, Mitte Okt.–Mitte März nur für Gruppen werktags nach Anmeldung, www.dunvegancastle.com).

Portree 6 [B5]

Im Hauptort von Skye verführen die malerischen Häuserzeilen am Ufer des Loch Portree mit Läden und B & Bs zu längerem Aufenthalt. Der Ortsname – Hafen des Königs – geht auf einen Besuch Jakobs V. im Jahr 1540 zurück.

Im Museum und Kulturzentrum **The Aros Experience** kann man sich in die Inselgeschichte vertiefen und Details über Bonnie Prince Charlie erfahren, einer audiovisuellen Show zu den auf der Insel heimischen Seeadlern folgen oder eine der wechselnden Veranstaltungen besuchen (www.aros.co.uk).

Info
Portree Information Centre
• Bayfield House | Bayfield Road
  Portree | IV51 9EL
  Tel. 01478/612 992 | www.skye.co.uk

Hotel
The Bosville Hotel €€€
Über dem Hafen gelegenes Hotel mit geschmackvoll eingerichteten Zimmer, dem besten Internetempfang auf Skye und einer verführerischen Speisekarte.
• Portree | IV51 9DG
  Tel. 01478/612 846
  www.bosvillehotel.co.uk

Restaurant
Sea Breezes €€
Mit Blick auf den Hafen von Portree genießt man ⚡ köstliche Fischspezialitäten. Nur April–Ende Okt. geöffnet.
• Quay Street | Portree | IV51 9DE
  Tel. 01478/612 016
  www.seabreezes-skye.co.uk

Aktivitäten

Feis an Eilein Summer Events

Im Juli und August wöchentlich (meist dienstags) stattfindende Kulturveranstaltungen, Konzerte und Cèilidhs, bei denen jeder zum Mittanzen aufgefordert ist. **50 Dinge** ⑦ › S. 12.

• Portree | Tel. 01471/844 207
  www.seall.co.uk

Skye Guides

Das Unternehmen plant Touren, bucht Bergführer und bietet Kletterkurse an.

• 3 Luib
  Isle of Skye | IV49 9AN
  Tel. 01471/822 116
  http://skyeguides.co.uk

Integrity Voyages

Vierstündige Boottrips von Uig/Skye zur UNESCO-Welterbestätte auf der noch außerhalb der Äußeren Hebriden im Atlantik gelegenen Insel **St Kilda**. **50 Dinge** ⑧ › S. 13.

• Tel. 07836/611 699
  www.integrityvoyages.co.uk

Nördlich von Portree

Entlang der A 855 reihen sich einige unvergleichliche Naturdenkmäler aneinander. Das erste ist der **Old Man of Storr** [B5] genannte bizarre Felszacken, der höchste einer ganzen Gruppe. Nördlich liegt der kleine Loch Mealt, der sich über die Klippen ins Meer ergießt. Vom Straßenrand aus ist am Uferabhang der **Kilt Rock** [B4/5] zu sehen, dessen Gesteinsformation dem Muster und Faltenwurf der schottischen Nationaltracht ähneln soll. Jenseits des Dorfs Staffin erhebt sich die markante Felsformation **Quiraing** [B4].

Bei **Flodigarry** steht ein Haus, in dem die schottische Nationalheldin Flora MacDonald gelebt hat – sie hatte Bonnie Prince Charlie 1746 nach der vernichtenden Niederlage von Culloden › S. 145 zur Flucht verholfen.

In **Kilmuir** 7 [B4] vermitteln die strohgedeckten Cottages des **Skye Museum of Island Life** einen guten

Gut 60 m hoch ist die Steilküste am Kilt Rock

Einblick in den einstigen Alltag der Landbevölkerung (Ostern–Sept. Mo bis Sa 9.30–17 Uhr; www.skyemuseum.co.uk). Auf dem Friedhof von Kilmuir befindet sich das Grab von Flora MacDonald unter einem hohen keltischen Kreuz.

Südlich davon liegt der kleine Hafen von **Uig,** von dem die Autofähre nach Tarbert auf Harris und Lochmaddy auf North Uist (Äußere Hebriden) ablegt (www.calmac.co.uk).

Hotels

The Flodigarry Hotel €€€
Wunderschön gelegenes Hotel mit grandioser Aussicht aufs Meer und die vorgelagerte Insel Flodigarry. Das Restaurant serviert moderne schottische Küche.
• Flodigarry | IV51 9HZ
  Tel. 01470/552 203
  www.hotelintheskye.co.uk

The Glenview €€
Stilvolles B&B mit geräumigen Zimmern und eigenem Café.
• Staffin | IV51 9JH | Tel. 01470/562 284
  www.glenviewskye.co.uk

Lewis und Harris

Die größte Insel der Äußeren Hebriden trennt man traditionell in den nördlichen, flacheren Teil, Lewis, und den gebirgigeren Teil im Süden, Harris. Beide werden oft wie eigene Inseln behandelt. Auf dieser Doppelinsel erwartet Reisende ein neues Erlebnis: Unter sich sprechen die Einheimischen oft Gälisch, das neben Englisch auch die gleichberechtigte Unterrichtssprache in den Schulen ist. Eine gute Hilfestel-

lung beim Dechiffrieren der rein gälischen Straßenbeschilderung gibt das Faltblatt, das auf der Fähre und im Information Centre in Stornoway erhältlich ist.

Stornoway/ Steornabhagh 8 [B3]

Vom Hafen der quirligen 7500-Einwohner-Stadt führt ein Spaziergang mit schönem Blick auf Buchten und Stadt zum **Lews Castle.** Im Schloss befindet sich das neue **Museum nan Eilean,** das über die Kultur und

Herrliche Strände

• Feinster Sand, Einsamkeit und die Ruine des Red Castle kennzeichnen die **Lunan Bay** von Montrose. › S. 101
• Einer der schönsten Strände auf Islay findet sich bei **Kintra,** der sich über 8 km erstreckt. › S. 113
• Fast wie in der Karibik erscheinen die weiten Strände und das türkisfarbene, kristallklare Wasser im **Westen von Harris.** › S. 133
• Am **Big Sands Beach** bei Gairloch genießt man traumhafte Sonnenuntergänge und den Blick auf die Berge von Skye. › S. 136
• Nur ein 7 km langer Fußmarsch von Kinlochbervie führt zur **Sandwood Bay** – doch der Strand ist unvergleichlich. › S. 139
• Auf der Black Isle sind die **Strände bei Cromarty** beliebt. Oft kann man hier große Delfine sehen. › S. 144

Geschichte der Äußeren Hebriden informiert (Di–Fr 13–17, Sa 10 bis 17 Uhr; www.lews-castle.co.uk).

Das **An Lanntair Arts Centre** in einem postmodernen Gebäude neben dem neugotischen Rathaus organisiert Konzerte und Ausstellungen zur gälischen Kultur (Tel. 01851/708 480, www.lanntair.com).

Info

Stornoway Information Centre
Infos für die ganzen Äußeren Hebriden.
• 26 Cromwell Street | HS1 2DD
  Tel. 01851/703 088
  www.visitscotland.com

Hotel

Cabarfeidh Hotel €€€
Kürzlich renoviertes 4-Sterne-Hotel mit 46 Zimmern und ausgezeichneter Küche.
• Manor Park | Isle of Lewis | HS1 2EU
  Tel. 01851/702 604
  www.cabarfeidh-hotel.co.uk

Shopping

Lewis Loom Centre
Führungen informieren über die Tweedherstellung, Verkauf im Shop.
• The Old Grainstore | 3 Bayhead
  Stornoway | HS1 2DU
  Tel. 01851/704 500

Feines Tuch

Der berühmte robuste Harris Tweed darf sich nur so nennen, wenn er auf den Äußeren Hebriden aus reiner schottischer Schurwolle auf dem Handwebstuhl hergestellt wurde und das Markenzeichen der »Harris Tweed Association« trägt.

Der Westen von Lewis

Das **Black House Museum** 9 [A3] bei Arnol ist ein traditionelles »schwarzes Haus«, das noch bis 1966 bewohnt war. Diese Häuser wurden ohne Kamin gebaut und mit einem Torffeuer beheizt, der Rauch zog durch das strohgedeckte Dach ab. (April–Sept. Mo–Sa 9.30 bis 17.30 Uhr, Okt.–März Mo/Di, Do–Sa 10–16 Uhr.)

Die Gegend bietet schöne Strände (wie die bei Dail Mor/Dalmore und Dail Beag/Dalbeg), und in vielen Häusern klappern die Webstühle. In **Shawbost/Siabost** sowie in **Carloway/Carlabhagh** kann man Webern bei der Arbeit zusehen.

Eine der bedeutendsten prähistorischen Stätten Europas sind die – immer zugänglichen – **Standing Stones of Callanish/Calanais** 10 ⭐ [A3] (Foto › **S. 125**). Mit dem alles überragenden Menhir und einer Grabkammer in der Mitte sowie den kreuzförmig angeordneten Steinreihen stellt der Steinkreis eine überragende Leistung seiner Erbauer dar. Er erhebt sich auf einem Landvorsprung im East Loch Roag, wo der Blick weit über Meer und Himmel schweift (Calanais Visitor Centre, Shop, Café April–Okt. Mo bis Sa 10–18, Juni–Aug. 9.30 bis 20, Nov.–März Di–Sa 10–16 Uhr, Tel. 01851/621 422, www.callanish visitorcentre.co.uk).

Hotel/Restaurant

Baile-Na-Cille €€
Fantastisch einsam gelegenes, rustikales B & B und Restaurant an einem lang gezogenen weißen Sandstrand.

• Timsgarry | HS2 9JD
Tel. 01851/672 242
www.bailenacille.co.uk

Tarbert 11 [A4]

Die kleine Hafenstadt, von der aus die Schiffe nach Uig auf Skye ablegen, ist Hauptstadt von **Harris.** Der nur einige hundert Meter breite Isthmus von Tarbert trennt South Harris von North Harris. Auf Harris sind wohl ❗ die schönsten Strände in ganz Schottland zu finden, die man in aller Einsamkeit genießen kann.

Hotels
Scarista House €€€
Herrenhaus mit Gourmetrestaurant und einem Selbstversorger-Cottage.
• Sgarasta Bheag | HS3 3HX
Tel. 01859/550 238
www.scaristahouse.com

Ceol Na Mara €€
Von der Terrasse dieses gehobenen B & B schweift der Blick über die zauberhafte Landschaft von Harris.
• 7 Direcleit | Isle of Harris | HS3 3DP
Tel. 01859/502 464
www.ceolnamara.com

Leverburgh/ An t-Ob 12 [A4]

Der englische Name des Ortes an der Südküste von Harris verweist auf ein groß angelegtes Experiment des Seifenmagnaten Lord Leverhulme (Unilever). Er hatte die Doppelinsel erworben und ließ einen Fischereihafen, Straßen und eine Fischkonservenfabrik bauen. Auf dem Festland eröffnete er eine eigene Kette von Fischläden (Mac-

Fisheries genannt!). 1923 sah sich der Lord gezwungen, seine Pläne für Lewis fallen zu lassen, investierte aber weiter in Harris, insbesondere in Leverburgh. Die Hafenanlagen erinnern noch an das Vorhaben.

Von Leverburgh kann man mit der Autofähre auf die kleine Insel **Berneray** übersetzen (4-mal tgl.; ca. 60 Min.; www.calmac.co.uk), von der ein Fahrdamm hinüber nach North Uist/Uibhist A Tuath führt.

Die Uists

North Uist, Benbecula/Beinn Na Faoghla in der Mitte und South Uist/Uibhist A Deas sind über Straßendämme miteinander verbunden und formen einen langen schmalen Landstreifen. Die Ostküsten sind durchweg felsig, mit tief eingekerbten Buchten und vorgelagerten Inselchen, die Westküsten bestehen weitgehend aus langen Sandstränden zwischen Landvorsprüngen. Für das Landesinnere sind Machair-Weiden typisch. Auf den Inseln sind die Einrichtungen der britischen Streitkräfte nicht zu übersehen – nicht gerade eine Augenweide, doch sie bieten den Einwohnern von Benbecula sehr gute Einkaufsmöglichkeiten und einen Flugplatz.

North Uist 13 [A4/5]

Auf North Uist dürfen Vogelfreunde nicht versäumen, das Schutzgebiet von Baile Raghaill/Balranald zu besuchen (April–Aug. 9–18 Uhr geführte Spaziergänge ab Besucherzentrum). Auf einer Fläche von 658 ha finden sich die unterschiedlichsten Lebensbedingungen: Meerwasser, Felsen, Sandstrand, Dünen, Machair, Marsch und Süßwasser. 183 Vogelarten wurden gezählt, etwa 50 nisten hier. Die Insel hat mit dem Hügelgrab von **Barpa Langass/ Bharpa Langais** (an der Straße von **Lochmaddy** nach Clachan) auch eine gut erhaltene prähistorische Stätte aufzuweisen.

Hotel
Rushlee House €€
Ein gutes schottisches Frühstück und spektakuläre Sonnenuntergänge dürfen Gäste dieses gehobenen B & B erwarten.
• Lochmaddy | HS6 5AE
  Tel. 01876/500 274
  www.rushleehouse.co.uk

Aktivitäten
Uist Outdoor Centre
Anleitung, Ausrüstung und Urlaubsplanung für Taucher, Kanufahrer, Wanderer und alle Naturfreunde.
• Lochmaddy | HS6 5AE
  Tel./Fax 01876/500 480
  www.uistoutdoorcentre.co.uk

South Uist – herbschöne Insel

South Uist 14 [A5]
Die Insel misst etwa 32 km in der Länge, ist aber nirgends breiter als 10 km. Von Lochboisdale/Loch Baghasdail verkehren Autofähren von CalMac nach Barra (90 Min.) und Oban (7–9 Std., Zuganschluss nach Glasgow).

Info
South Uist Information Centre
• Pier Road | Lochboisdale | HS8 5TH
  Tel. 01878/700 286
  Geöffnet April–Okt.

Hotel
Polochar Inn €€
Typischer Gasthof mit gehaltvoller Küche, Blick auf die Inseln und grandiose Sonnenuntergänge.
• Polochar
  Lochboisdale | HS8 5TT
  Tel. 01878/700 215
  www.polocharinn.com

Barra/Eilean Bharraigh 15 ⭐ [A4]

Die besonders charmante und freundliche Insel bildet mit ihrer hinreißenden Landschaft einen würdigen Abschluss für die Erkundung der Äußeren Hebriden. Ihr Hauptort ist **Castlebay/Bagh A Chaistail** im Süden. Auf einem Inselchen mitten in der Hafenbucht thront die Burg Kisimul Castle aus dem 13. Jh.
  Der berühmte Flugplatz am Strand von Traigh Mhor, der nur bei Ebbe anzufliegen ist, macht den Flug von Glasgow hierher zu einem aufregenden Erlebnis.

Info

Castlebay Information Centre

Fragen Sie nach einem Besuch der großen Seehundkolonie in der Seal Bay.

• Main Street | Castlebay | HX9 5XD
  Tel. 01871/810 336
  www.isleofbarra.com

Hotel

Castlebay Hotel €€€

Kleineres Hotel mit Restaurant und
fröhlicher Bar.

• Castlebay | HS9 5XD
  Tel. 01871/810 223
  www.castlebay-hotel.co.uk

An der Nordwestküste

Kyle of Lochalsh 16 [B5]

Lange Zeit war die Fähre von Kyle of
Lochalsh das Tor zu den Hebriden,
nun führt eine Brücke zur Insel
Skye. Wo die Burgruine von Castle
Moil und die Aussicht über die
Meerenge auf die Inseln das Panorama bestimmten, ist heute der Be-
tonbogen der Skye Bridge unaus-
weichlicher Blickfang.

Eilean Donan Castle 17 ★ [B5]

Die Burg liegt auf einem Felsen, der
am Zusammenfluss der Lochs Alsh,
Duich und Long aus dem Wasser
ragt. Erst Anfang des 20. Jhs. wurde
damit begonnen, die alte Burgruine
zu restaurieren – heute gehört sie zu
den meistfotografierten Motiven in
Schottland (Foto › **S. 150**). Über die
Brücke vor der pittoresken Kulisse
ritt Christopher Lambert als High-

lander im gleichnamigen Film
(April–Okt. tgl. 10–18, Feb./März
bis 17, Nov./Dez. bis 16 Uhr, www.
eileandonancastle.com).

Plockton 18 [B5]

Plocktons Charme macht die Strandpromenade mit ihren zum Hügel hin
aufgereihten, weiß und pastellfarben
getünchten Häusern aus. Die ge-
stutzten Palmen gedeihen im milden
Klima der windgeschützten Bucht,
in der Segelboote vor Anker liegen.

Hotel

The Plockton Hotel €€€

Freundliches kleines Hotel mit ausgesprochen gutem Essen.

• 41 Harbour Street | Plockton
  IV52 8TN | Tel. 01599/544 274
  www.plocktonhotel.co.uk

Die Halbinsel Applecross

Der Name der Halbinsel hat wenig
mit Äpfeln zu tun, er leitet sich vom
gälischen *a 'Chomraich* ab, was
»Zufluchtsort« bedeutet. Die einzige Straße führt (mit wunderbaren
Ausblicken auf die Inseln Rona und
Raasay) an der Küste entlang.

Vom Städtchen **Applecross** 19
[B5] zweigt ein Fahrweg ins Innere
ab, hinauf auf die Passhöhe des **Beal-
lach na Bà** anlangt. Der gälische
Name bedeutet »Passstraße der Rinder« – über diesen atemberauben-
den Pfad wurde früher das Vieh ge-
trieben. Heute genießen hier die
Autotouristen die grandiose Aussicht hinüber zur Bergwelt von Skye
zu. Am Nordende der Halbinsel liegt
der idyllische Ort **Shieldaig** 20 [B5].

Hotels/Restaurants

Applecross Inn €€€
Oft gelobter, schlichter Gasthof mit leckerer Fischküche.
• Shore Street | Applecross | IV54 8LR
  Tel. 01520/744 262
  www.applecross.uk.com/inn

Tigh-an-Eilean €€€
Charmantes weißgekalktes Hotel mit ausgezeichnetem Restaurant und Pub am Loch Shieldaig gelegen.
• Shieldaig | IV54 8XN
  Tel. 01520/755 251
  www.tighaneilean.co.uk

Beinn Eighe National Nature Reserve

Das Visitor Centre des ältesten britischen Naturschutzgebiets bei **Kinlochewe** 21 [C5] informiert über dessen Flora und Fauna und ist Ausgangspunkt für Lehrpfade durch den alten kaledonischen Forst, der anderenorts nur noch selten anzutreffen ist (März–Okt. 10 bis 17 Uhr, Tel. 01445/760 258, www.nnr-scotland.org.uk).

Hotels

Loch Torridon Country House €€€
Wunderschön gelegenes Schlosshotel mit allem Komfort und vielen Aktivangeboten, 2,5 km von Torridon.
• Wester Ross | IV22 2EY
  Tel. 01445/791 242
  www.thetorridon.com

Cromasaig B & B €€
Kleines, familiäres B & B.
• Kinlochewe | IV22 2PE
  Tel. 01445/760 234
  www.cromasaig.com

Gairloch und Umgebung 22 [B4]

Der ansehnliche Ort ist seit dem 19. Jh. ganz auf Tourismus eingestellt. Sein preisgekröntes **Heritage Museum** bringt Besuchern die Lebensumstände der Menschen hier seit der Steinzeit nahe (Ostern–Okt. Mo–Fr 10–17, Sa 11–15 Uhr).

Nebenstraßen zu den Stränden und Aussichtspunkten sollte man nicht verpassen: Die B 8021 führt in nördlicher Richtung zu den ! Big Sands, wo sich grandiose Ausblicke bieten, und auf der B 8056 im Süden erreicht man **Redpoint,** wo man einen herrlichen Blick hinüber nach Skye genießt.

Der lange **Loch Maree** östlich von Gairloch genießt den Ruf, der schönste See Schottlands zu sein. Eine der größten Sehenswürdigkeiten der Nordwestküste ist **Inverewe Garden** 23 [B4] am Loch Ewe. Das Areal mit ! exotischen Pflanzen aus aller Welt umfasst über 20 ha; wer alle Wege abgehen will, braucht dafür mehrere Stunden (Garten und Besucherzentrum Juni–Aug. tgl. 9.30–18, April, Mai, Sept. 10–17, Okt. bis 16 Uhr, Gratisführungen Mitte Mai–Sept. Mo–Fr, teilw. auch Sa 13.30 Uhr; www.nts.org.uk). **50 Dinge** ㉟ › S. 16.

Hotel

The Old Inn €€
Gemütliches Hotel direkt am Hafen mit Pub, Biergarten und Livemusik.
• Flowerdale Glen
  Gairloch | IV21 2BD
  Tel. 01445/721 006
  www.theoldinn.net

Ullapool 24 [C4]

Zur Hauptreisezeit ist es hier oft voll, aber der Hauptort der Region hat auch einiges zu bieten, etwa das **Ullapool Museum** zur lokalen Geschichte seit der Ortsgründung 1788 oder den Campingplatz auf der Landspitze, die mitten im Ort in den Loch Broom hinausragt. Von Ullapool verkehrt die CalMac-Autofähre im Sommer tgl. zwei bis dreimal pro Tag in 2,5 Std. nach Stornoway auf der Insel Lewis › **S. 131.**

Hotels/Restaurants

Ardvreck House €€
Geschmackvoll eingerichtetes B & B nahe Ullapool mit schönen Zimmern und wunderbarem Blick auf Loch Broom.
• Ullapool | IV26 2TH
  Tel. 01854/612 028
  www.ardvreckhouse.com

Tanglewood House €€
Schottische Gastlichkeit auf hohem Niveau. Antiquitäten zieren das Restaurant des modernen Hauses.
• Ullapool | IV26 2TB
  Tel. 01854/612 059
  www.tanglewoodhouse.co.uk

Shopping

Highland Stoneware Pottery
Große Auswahl an Keramik direkt vom Hersteller.
• North Road | Ullapool | IV26 2UN
  Tel. 01854/612 980
  www.highlandstoneware.com

Achiltibuie 25 [C4]

Der lang gestreckte Ort ist eingebettet in eine grandiose Berg- und Küstenlandschaft und mit Aussicht auf

Inverewe Garden

die Inselgruppe **Summer Isles.** Unbedingt zu empfehlen sind die Bootsausflüge zu den Summer Isles vom Hafen aus, bei denen es neben der wunderschönen Küstenlandschaft Kormorane, Seehunde sowie (mit ein wenig Glück) Delfine und (mit sehr viel Glück) einen Wal zu sehen gibt.

Hotel/Restaurant

Summer Isles Hotel €€€
Die Gäste lieben das Hotel wegen der wunderbaren Wildnis, der umliegenden Berge und Inseln, der gemütlichen Zimmer und des ausgezeichneten Essens.
• Achiltibuie | Tel. 01854/622 282
  www.summerisleshotel.co.uk

Lochinver 26 [C4]

Der Fischerort hat sich zum beliebten, sommers gar überfüllten Ferienort entwickelt, der sich seiner wundervollen Lage über dem gleichnamigen Loch rühmen darf.

Südöstlich von Lochinver überragt der markante, 731 m hohe

kegelförmige **Suilven** die einsame Landschaft, ein beliebtes Ziel für Bergwanderer. Der Aufstieg ist nicht schwierig, aber lang – Geübte müssen vom nächstgelegenen Parkplatz nahe der Glencanisp Lodge aus für den Hin- und Rückweg mit 8 Std. Gehzeit rechnen (www.walkhigh lands.co.uk/ullapool/suilven.shtml).

> ! **Erst-**
> ! **klassig**
>
> ## Gratis entdecken
> ....
>
> - **Museen mit hoher Kunst:** Zu den meisten staatlichen Museen, die Kunstwerke aller Art und für jeden Geschmack ausstellen, ist der Eintritt frei.
> - **Festival Fringe:** Im August findet in Edinburgh das äußerst populäre Festival mit über 2400 Künstlern aus aller Welt statt, die ihre Kunst den Zuschauern kostenlos darbieten (ein kleiner Obolus als Spende ist natürlich stets angebracht). › S. 64
> - Kostenlos zu besichtigen ist der Herrensitz **Callendar House** [D8] aus dem 14. Jh. in einem herrlichen Park am Rand von Falkirk (www.falkirkcommunitytrust. org/venues/callendar-house).
> - **Doors Open Days:** An vier Wochenenden im September öffnen Gebäude ihre Türen, die sonst der Öffentlichkeit nicht zugänglich sind. Wo immer man sich in Schottland befindet, in jeder Region gibt es das eine oder andere Bauwerk, das einen Besuch wert ist (www.doorsopendays.org.uk).

Info

Assynt Visitor Centre
- Lochinver | IV27 4LX
  Tel. 01571/844 194
  www.discoverassynt.co.uk
  Nur April–September geöffnet.

Hotels

The Albannach €€€
Ausgesucht stilvolles Interieur, preisgekrönte innovative Küche.
- Baddidarroch | Lochinver | IV27 4LP
  Tel. 01571/ 844 407
  www.thealbannach.co.uk

Tigh Na Sith €€
Modernes Haus mit drei Zimmern und einem fantastischen Ausblick über den Loch und die Meerenge des Minch.
- Baddidarroch | Lochinver | IV27 4LP
  Tel. 01571/ 844 407
  www.thealbannach.co.uk

Restaurant

Lochinver Larder €€
Leckere Gerichte im Bistrostil – auch für Vegetarier.
- Main Street | Lochinver
  Tel. 01571/844 356
  www.lochinverlarder.co.uk

Shopping

Highland Stoneware › S. 137 hat auch in Lochinver ein Outlet.
- Baddidarroch | Lochinver | IV27 4LP
  Tel. 01571/844 376

Handa Island 27 [C3]

Die Insel ist Vogelschutzgebiet, zu dem im Sommer von mehreren Orten der Umgebung aus Bootsausflüge (teils mit Führungen) angeboten werden. Eine Fährverbindung besteht von Tarbet nahe Scourie aus (April–Anf. Sept. Mo-Sa ab 9.30, letzte Rückfahrt 16.45 Uhr, http://scottishwildlifetrust.org.uk). Die recht kurze Überfahrt bringt einen auf Tuchfühlung mit Tausenden von Möwen, Papageitauchern, Eissturmvögeln und Kormoranen.

Die Nordküste

Durness 28 [C3] und Cape Wrath ⭐

In und um das Dorf Durness gibt es einige besondere Sehenswürdigkeiten: die eindrucksvolle Kalksteinhöhle **Smoo Cave,** deren äußere Kammer gut zu begehen ist **50 Dinge** ⑩ › **S. 13,** die Kunsthandwerkerkolonie von **Balnakeil** und natürlich **Cape Wrath.** Das Kap ist nur von Keoldale aus mit einer Personenfähre und anschließender Fahrt im Minibus zu erreichen (www.visitcapewrath.com), doch die umständliche Anfahrt lohnt sich. Eine wunderbare Wanderung für Ambitionierte führt von Cape Wrath südwärts bis **Kinlochbervie.** Der 23 km lange Weg ist einsam und großteils fern jeder Straße – es gibt keine Chance, die Wanderung abzubrechen. Dafür verläuft sie ⓘ am legendären Strand von **Sandwood Bay.** Dorthin verirren sich kaum Menschen, doch kommen laut Augenzeugenberichten Meerjungfrauen an Land!

Info

Durness Information Centre
• Sango | Durness | IV27 4PZ
  Tel. 01971/509 005
  www.durness.org

Hotel/Restaurant

Mackay's Rooms & Restaurant €€€
Liebevoll renoviertes 150 Jahre altes Haus mit individuell eingerichteten Zimmern und Restaurant.
• Durness | IV27 4PN
  Tel. 01971/511 202
  www.visitdurness.com

Bettyhill 29 [D3]

Das hübsche Dörfchen liegt in herrlicher Umgebung, mit der Pflanzen- und Vogelvielfalt des **Invernaver Nature Reserve** jenseits der kleinen Bucht. Der Geschichte der Highland Clearances › **S. 143** im Tal südlich von Bettyhill widmet sich das **Strathnaver Museum** (April–Okt. Mo-Sa 10–17 Uhr; www.strathnavermuseum.org.uk) in einer ehemaligen Kirche.

Auf keinen Fall versäumen sollte man an der Strecke zwischen Bettyhill und Thurso die Abzweigungen nach Torrisdale, Skerray, Armadale, Strathy Point oder Fresgoe – der Lohn ist Landschaft pur.

Hotel

Altnaharra Hotel €€€
Ca. 45 km südlich von Bettyhill großartig am Loch Naver gelegenes komfortables Hotel im schicken Countrystyle; großes Sportangebot.
• Altnaharra | Loch Naver | IV27 4UF
  Tel. 01549/411 222
  www.altnaharra.com

Thurso 30 [E3]

Zu den attraktivsten Orten dieses Küstenstrichs gehört Thurso mit guten Einkaufsmöglichkeiten, schöner Strandpromenade und dem

Küste bei Yesnaby auf der Orkneyinsel Mainland

Hafen Scrabster, von wo aus die Autofähre nach Stromness auf den Orkneys ablegt.

Etwas verschandelt wird die Gegend allerdings durch die massiven Bauten der stillgelegten Atomanlage Dounreay. Es wurde zwar mit dem Rückbau der Anlage begonnen, doch wird sich der Landstrich wohl nicht mehr in eine wunderbare Küstenlandschaft verwandeln.

Info
Thurso Information Centre
• High Street | Thurso | KW14 8AJ
Tel. 01847/893 155
www.visithighlands.com

Hotels
Forss House Hotel €€€
Schmuckes kleines Landhotel in herrlichem Park, 9 km westlich von Thurso an der A 836.

• Forss | KW14 7XY
Tel. 01847/861 201
www.forsshousehotel.co.uk

Pentland Lodge House €€
Modern eingerichtetes B & B, dessen geräumige Zimmer auch bei Familien beliebt sind.
• Granville Street | Thurso | KW14 7JN
Tel. 01847/895 103
www.pentlandlodgehouse.co.uk

John o' Groats 31 [E3]
Zwar wird John o' Groats genannt, wenn von der Nordspitze des britischen Festlands die Rede ist, aber in Wirklichkeit ist dieser Punkt erst hoch über der Brandung am **Dunnet Head** im Nordwesten erreicht. Bei klarer Witterung blickt man von hier übers Meer bis zu den Orkneys.

Am Hafen von John o' Groats werden Bootsausflüge zu den Orkneys, zur vorgelagerten Insel Stroma und zu den Klippen von Duncansby Head angeboten. Inbegriffen sind Ausblicke auf wildromantische Felsformationen, Sichtungen von Seehunden und riesigen Seevogelkolonien – und erheblicher Seegang.

Wick 32 [E3] und Umgebung

Im Namen von Wick wird der skandinavische Einfluss in Schottlands Norden erkennbar; er leitet sich vom nordischen »Vik« (Bucht, Mündung, Handelsplatz) her. Der geschäftige 7000-Einwohner-Ort ist gut auf Touristen eingerichtet. Das **Heritage Centre** informiert über die Geschichte der Fischerei der Region – bis zu 1100 Heringsboote lagen früher im Hafen. Mit **Ebenezer Place** hat Wick auch nachweislich die kürzeste Straße der Welt (2,06 m).

Nördlich von Wick erheben sich auf den Klippen über Sinclair's Bay die Ruinen von **Sinclair Castle** und **Girnigoe Castle,** über die grausige Geschichten im Umlauf sind. So soll im 16. Jh. der vierte Earl of Sinclair seinen Sohn des geplanten Vatermordes verdächtigt und eingekerkert haben – bis heute hört man angeblich im Gemäuer das Heulen und Stöhnen des Verhungerten.

Im Süden der Stadt liegen zwei höchst eindrucksvolle neolithische Hügelgräber, die **Grey Cairns of Camster** aus der Zeit um 3000 v. Chr. Sie sind gut beschildert und teilweise auch begehbar.

An der Küstenstraße in Richtung Helmsdale findet sich eine Anlage aus der frühen Bronzezeit: **Hill o' Many Stanes.** Rund 200 Menhire sind hier fächerförmig aufgestellt – welche Funktion sie genau hatten, ist allerdings bis heute nicht geklärt.

Info

Wick Information Point
• High Street | Wick | Tel. 01955/602 547
  www.visitscotland.com

SEITENBLICK

Orkney [E/F1/2] und Shetland [F2–4]

Orkney umfasst eine Gruppe von etwa 70 Inseln nördlich des schottischen Festlands (zu erreichen mit der Autofähre von Scrabster/Thurso nach Stromness und von Aberdeen nach Kirkwall oder mit dem Flugzeug von Glasgow, Edinburgh, Aberdeen und Inverness nach Kirkwall). Neben der spektakulären Lage locken besonders die vielen prähistorischen Stätten: Das grandiose Steinzeitgrab von Maes Howe und die Steinkreise von Brodgar und Stenness sind alle auf Mainland zu finden, ebenso wie die Steinzeitsiedlung von Skara Brae. **50 Dinge** 25 › S. 15.

Noch weiter nördlich liegt die Inselgruppe von **Shetland,** die man mit der Fähre oder per Flugzeug erreicht. Die Hauptinsel heißt ebenfalls Mainland, die größte Ortschaft ist Lerwick. Auch auf den Shetlandinseln existieren faszinierende Zeugnisse der frühen Menschheitsgeschichte: vor allem die bronzezeitliche Siedlung Jarlshof auf Mainland und der Broch (Rundturm) auf Mousa (www.visitscotland.com).

Hotel
Mackays Hotel €€€
Freundliche Zimmer und vorzügliche Küche am kleinsten Platz des Königreichs.
• Union Street/Ebenezer Place
  Wick | KW1 5ED
  Tel. 01955/602 323
  www.mackayshotel.co.uk

Helmsdale 33 [E4]

In dem interessantesten Ferienort an diesem Abschnitt der Nordseeküste vermittelt das höchst anschauliche **Timespan Centre** einen unkomplizierten Einblick in die Geschichte der Highlands. Es zeigt das Leben von Pikten und Wikingern, den legendären Mord in Helmsdale Castle, das Drama der Clearances in der Umgebung und widmet sich auch dem Thema Nordseeöl. Schwerpunkt ist auch der Goldrausch Ende des 19. Jhs., als das Edelmetall im Strath of Kildonan gefunden wurde (April bis Okt. tgl. 10–17 Uhr, Nov. bis März verkürzte Zeiten, Tel. 01431/821 327, http://timespan.org.uk).

Hotel
The Belgrave Arms Hotel €€
Zeitgemäß eingerichtetes kleineres Hotel mit Restaurant.
• Dunrobin Street | Helmsdale
  KW8 6JX | Tel. 01431/821 242
  www.belgravearmshotel.co.uk

Dunrobin Castle 34 [D4]

Viele wertvolle Kunst- und Einrichtungsgegenstände begeistern nicht nur Kenner in diesem Prunkschloss, dem Sitz der Herzöge von Sutherland, die bei den Highland Clearances eine führende Rolle spielten. Das ursprüngliche Gebäude aus dem 13. Jh. wurde anno 1845–1850 zum protzigen »Château« erweitert. ❗ Die Gärten mit ihren ausgelegten Blumenrabatten und Springbrunnen auf zwei Terrassen sind französischen Vorbildern nachempfunden (Juni–Aug. tgl. 10–17, April–Mitte Okt. Mo–Sa 10.30 bis 16.30, So ab 12 Uhr, www.dunrobincastle.co.uk).

Dunrobin Castle

Dornoch 35 [D4]

Am pittoresken Hauptplatz des Urlaubsorts liegen der Bischofspalast aus dem 16. Jh., der heute ein Hotel beherbergt, sowie die restaurierte, sehr stimmungsvolle gotische Kreuzkathedrale.

Auf dem Golfplatz in den Dünen im Süden wird seit dem frühen 17. Jh. Golf gespielt: **Royal Dornoch**, 1877 von Tom Morris sen. entworfen und einer der am wenigsten geheimen Golf-Geheimtipps, ist auch für Gäste zugänglich (Tel. 01862/810 219, www.royaldornoch.com).

Hotel

Sleeperzzz €
Geruhsame Nächte in 🅸 gut ausgestatteten, stillgelegten Eisenbahnwaggons 20 km nordwestlich von Dornoch.
• Rogart Station | Pittentrail | IV28 3XA
Tel. 01408/641 343
www.sleeperzzz.com

Tain 36 [D4]

Der hübsche Ort am Dornoch Firth mit rund 3500 Einwohnern rühmt sich, in Schottland das älteste Stadtrecht innezuhaben.

Von Tain kann man einen Ausflug auf die eher selten besuchte windgepeitschte Halbinsel **Fearn** im Osten machen. Sehenswert dort sind das interaktive **Discovery Centre** in Portmahomack (www.tarbatdiscovery.co.uk) und der Leuchtturm am Tarbat Ness.

Am Südende der Halbinsel schippert vom Fährhafen in Nigg Schottlands kleinste Autofähre nach Cromarty (Juni–Sept. tgl. alle 30 Min., Tel. 07468/417 137).

SEITENBLICK

Die Highland Clearances

»Ich erinnere mich, dass man auf dem Weg das Tal hinauf alle halbe oder ganze Meile ein Dorf sah … Die Leute lebten zufrieden … Es mangelte ihnen an nichts.« So schrieb Angus Mackay, der 1813 aus Strathnaver vertrieben wurde. Wer heute durch Strathnaver fährt, bekommt auf über 30 km kaum ein Haus zu sehen. Überall in Sutherland, Ross, Lochaber sowie auf den Hebriden findet man Überreste ganzer Dörfer, zwischen denen Schafe grasen. Die Räumung weiter Landstriche im Nordwesten zwischen 1780 und 1850 gilt als eines der traurigsten Kapitel in der Geschichte der Highlands.

Nach dem Scheitern des letzten Jakobitenaufstands 1746 wurden die Ländereien der Clan-Chiefs konfisziert. Als die Regierung sie 1784 zurückerstattete, lebten viele Chiefs in Edinburgh oder London und wollten vor allem maximale Profite erwirtschaften. Schafzucht war mit geringen Kosten und hohen Erträgen verbunden, doch waren die dort lebenden Menschen im Weg. Räumungen im großen Stil und mit teils brachialen Methoden begannen. So ließ der Gutsverwalter des Herzogs von Sutherland Familien das Dach über dem Kopf anzünden. Der Chief der Macdonells of Glengarry räumte »seine« Halbinsel Knoydart, indem er 520 Personen nach Kanada verschiffen ließ.

Um 1853/54 war in weiten Teilen der nordwestlichen Highlands fast die ganze Bevölkerung vertrieben. Die »letzte Wildnis Europas« in Wester Ross oder Sutherland hat vor 150 Jahren ganz anders ausgesehen.

Cromarty 37 [D5]

Ausgesprochen attraktiv ist das schmucke und hübsch gelegene Fischerdorf Cromarty an der Nordostspitze der **Black Isle,** die man von Inverness über eine Brücke über den Morey Firth problemlos erreicht. Die Halbinsel ist als Ausflugsziel mit dem Waldgebiet in der Mitte und ! schönen Stränden, von denen man mit Glück Tümmler beobachten kann, sehr beliebt.

Bei Kennern haben die Vogelschutzgebiete von **Munlochy Bay** am Moray und **Udale Bay** am Cromarty Firth mit ihren vielen Stelzvogelarten einen guten Ruf.

Im Cromarty Firth sieht man immer wieder Bohrinseln im Schlepptau vorbeiziehen – die Gegend ist zum Zentrum für Bau und Wartung dieser Monstren geworden.

Shopping

Cromarty Pottery/Disteramics
Die Hamburgerin Bärbel Dister verkauft gleichermaßen gängige wie einzigartige, experimentelle Keramik.
- Shore Street
  Tel. 01381/600 701
  www.cromarty-pottery.com

Inverness 38 [D5]

Die Hauptstadt der Highlands mit ihren rund 79 000 Einwohnern ist die größte Stadt im Norden und Sitz der Behörden des riesigen, aber dünn besiedelten Highland-Bezirks. In den schönen Straßen mit herausgeputzten Häusern und hängenden Blumenkörben gibt es gut

sortierte Geschäfte. Im Bahnhof treffen die Direktverbindungen aus Edinburgh und Aberdeen, die Strecke nach Kyle of Lochalsh und die einzige Bahnlinie in den Norden (nach Wick/Thurso) zusammen.

Info

Inverness Information Centre
- Castle Wynd | Inverness | IV2 3BJ
  Tel. 01463/252 401
  www.visitscotland.com

Hotels

Loch Ness Country House Hotel €€€
Erstklassiges Hotel, Spitzengastronomie, bester Service, schöner Garten.
- Loch Ness Road
  Inverness | IV3 8JN
  Tel. 01463/230 512
  www.lochnesscountryhousehotel.
  co.uk

Inverglen Guest House €€
Familiär geführtes kleines B & B mit zeitgemäßer Einrichtung.
- 7 Abertarff Road
  Inverness | IV2 3NW
  Tel. 01463/716 350
  www.inverglenguesthouse.com

Aktivitäten

Phoenix Boat Trips
Bootstrips zur Delfinbeobachtung in der Bucht nördlich der Stadt.
- Nairn Harbour
  Tel. 07703/168 097
  www.phoenix-boat-trips.co.uk

Inverness Tours
Minibustouren zu vielen grandiosen Orten in den Highlands.
- www.invernesstours.com

Nightlife

Eden Court Theatre & Cinema

Eines der führenden schottischen Multi-Event-Theater präsentiert neben Filmen, Bands, Tanzvorführungen und Theater auch Opernaufführungen. Zudem lädt das Restaurant zu schottischen Spezialitäten und süßen Köstlichkeiten ein.

• Bishop's Road | Inverness | IV3 5SA Tel. 01463/234 234 (Kartenbüro) www.eden-court.co.uk

Ausflüge ab Inverness

Culloden **39** [D5]

Am 16. April 1746 fochten auf dem berühmten Schlachtfeld ca. 5000 erschöpfte Highlander unter Führung des Stuart-Thronprätendenten »Bonnie Prince Charlie« gegen 9000 Mann der Elitetruppen des Herzogs von Cumberland. Es war die letzte Schlacht auf britischem Boden. 1200 Highlander sollen gefallen

sein, und Cumberland erhielt den Beinamen Schlächter, da er die auf dem Feld gebliebenen Verwundeten niedermetzeln ließ.

Den besten Eindruck des traurigen Ortes gewinnt man frühmorgens, wenn die bunten Flaggen, die die Stellungen der Truppen markieren, auf der leeren braunvioletten Heide flattern (tgl. April–Okt. 9–17.30, Juni–Aug. bis 18, Nov. bis März 10–16 Uhr, www.nts.org.uk).

Cawdor Castle **40** [D5]

Die im 14. Jh. erstmalig erwähnte Burg ist eng mit der Shakespeares Tragödie Macbeth verbunden. Hier soll Macbeth König Duncan getroffen und erschlagen haben. Hinter der Fassade im Baronialstil verbergen sich neben den Prunksälen eine Macbeth-Zeichnung von Dalí, eine Zeichnung nach Edgar Allan Poe und eine voll eingerichtete viktorianische Küche. Vom kunstvoll angelegten Garten führen markierte

Fürstliches Schlafzimmer in Cawdor Castle

Loch Ness mit der Ruine von Urquhart Castle

Wege in die sich anschließenden üppigen Wälder (Mai–Sept. tgl. 10 bis 17.30 Uhr, www.cawdorcastle.com).

Loch Ness 41 ⭐12 [D5–C6]

Südlich von Inverness erstreckt sich Schottlands zweitgrößter See, der 37 km lange Loch Ness, der durch den Caledonian Canal mit der Hauptstadt der Highlands verbunden ist. Berühmtheit hat der See v. a. durch sein legendäres Monster erlangt. Der Urheber des einen berühmten Fotos vom Ungeheuer hat kurz vor seinem Tod gestanden, es gefälscht zu haben, aber das hat dem Nessie-Tourismus keinen Abbruch getan. Bootsausflüge starten in Inverness, Fort Augustus oder Drumnadrochit, wo das **Loch Ness Centre & Exhibition** Klarheit in das Rätsel um Nessie zu bringen versucht (Winter 10–15.30, Ostern bis Juni, Sept./Okt. 9.30–17, Juli/Aug. 9.30–18 Uhr, www.lochness.com). **50 Dinge** ㊱ › S. 16.

Ein Besuchermagnet ist auch die unübersehbare Ruine von **Urquhart Castle** (April–Sept. tgl. 9.30–18, Okt. bis 17, Nov.–März bis 16.30 Uhr; www.historicenvironment.scot).

Invergarry 42 [C6]

Südlich von Loch Ness schließt sich im Great Glen Loch Oich an, in dessen Nähe das typische Highland-Dorf Invergarry liegt. Auf **Invergarry Castle,** heute eine Ruine, fand Bonnie Prince Charlie nach der Schlacht von Culloden › S. 145 kurzzeitig Unterschlupf.

Hotel
Glengarry Castle Hotel €€€
❗ Herrlich auf einem Felsen gelegenes Schlosshotel mit Blick auf Loch Oich.
• Invergarry | PH35 4HW
  Tel 01809/501 254
  www.glengarry.net

Blick auf Edinburgh Castle von den Princes Street Gardens aus

EXTRA-TOUREN

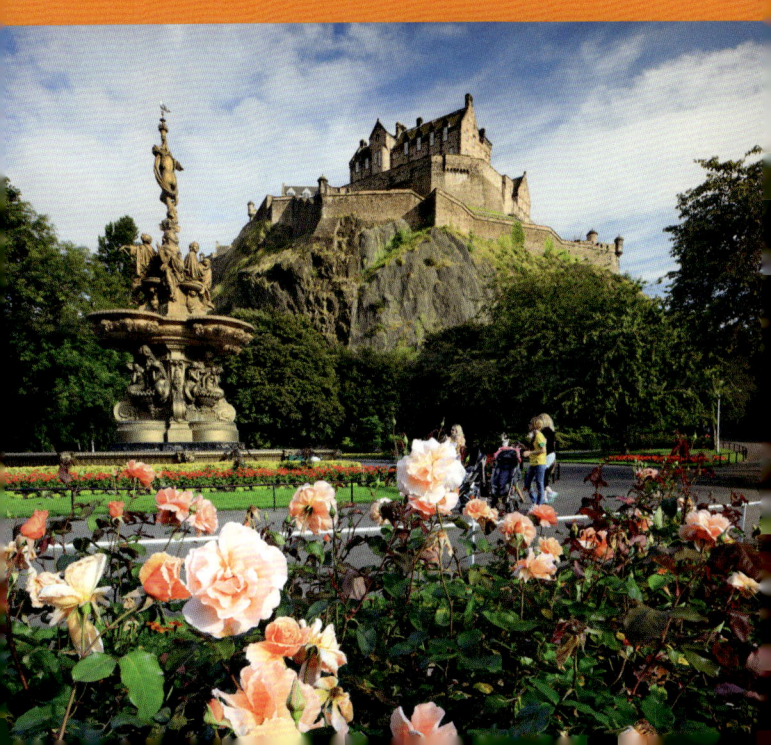

Der Süden Schottlands in einer Woche

Tour 12

Route: **Edinburgh** › **Melrose** › **Moffat** › **Dumfries** › **Stranraer** › **Ayr** › **Glasgow**

Karte: Klappe hinten

Distanzen: **Edinburgh** › **Melrose** 94 km; **Melrose** › **Moffat** 87 km; **Moffat** › **Dumfries** 74 km; **Dumfries** › **Stranraer** 155 km; **Stranraer** › **Ayr** 83 km; **Ayr** › **Glasgow** 128 km.

Verkehrsmittel:
Die Straßen sind gut ausgebaut, und man gewöhnt sich schnell an den Linksverkehr. Es empfiehlt sich auf jeden Fall, die Fahrt mit dem Auto zu unternehmen, um keine Sehenswürdigkeit zu verpassen und Abstecher machen zu können.

Für **Edinburgh** › S. 55 sollte man sich mindestens einen ganzen Tag Zeit nehmen. Anschließend geht es in Richtung Süden in die Stadt **Melrose** › S. 77 mit ihrer bekannten **Abteiruine.** Von hier aus lohnt sich auch ein Abstecher zu den anderen **Border Abbeys** › S. 79 – **Kelso, Jedburgh** und **Dryburgh Abbey** – sowie nach **Hawick** › S. 79, dem Zentrum der Woll- und Textilindustrie. Nach der Übernachtung in Melrose bietet sich am nächsten Tag eine leichte Wanderung zum **Scott's View** › S. 78 an, dem Lieblingsplatz des schottischen Literaten Sir Walter Scott. Die Tour führt weiter in Richtung Westen, wo unterwegs der Besuch von **Abbotsford House** › S. 77 und **Traquair House** › S. 80 auf dem Programm stehen sollte. Über das viktorianische Städtchen **Peebles** › S. 80 geht es weiter nach **Moffat** › S. 81. Der Kurort aus dem 19. Jh. ist für sein gut erhaltenes ehemaliges Badehaus bekannt und bietet einige Übernachtungsmöglichkeiten. Wer sich am nächsten Tag die Zeit nehmen möchte, kann einen Abstecher zum Wasserfall **Grey Mare's Tail** › S. 81 unternehmen. Leben und Wirken des Nationaldichters Robert Burns spürt man auf der weiteren Fahrt in die Stadt **Dumfries** › S. 81 nach, wo der Dichter seine letzten Lebensjahre verbracht hat. Hier endet eine

Der Ben Nevis ist Teil der Grampian Mountains in den Highlands

weitere Etappe. Abseits der Hauptverbindung nach **Kircudbright** › S. 82 führt die Route vorbei an der sehenswerten **Sweetheart Abbey** › S. 81 und am **Solway Firth** › S. 82 entlang, vorbei an vielen Stätten aus prähistorischer Zeit, bis nach **Newton Stewart** › S. 83. Naturfreunde sollten sich die Zeit nehmen, den **Galloway Forest Park** › S. 83 zu besuchen, wo man wandern und seltene Tiere beobachten kann. Ein lohnenswerter Umweg ist die Fahrt über die Halbinsel The Machars bis nach **Whithorn** › S. 83 und von dort in die Hafenstadt **Stranraer** › S. 84. Hier nimmt man für die Nacht Quartier. Die Halbinsel **Rhinns of Galloway** › S. 84 mit ihren beiden Gärten und Leuchttürmen sollte auf der Ausflugsliste stehen, bevor die Fahrt weiter nach Norden entlang dem **Firth of Clyde** › S. 84 zum **Culzean Castle** › S. 85, dem klassizistischen Meisterwerk des Architekten Robert Adam, und weiter nach **Ayr** › S. 85 führt. Der Badeort bietet zahlreiche Unterkunftsmöglichkeiten. Den Abschluss der Tour bildet der Besuch des Freilichtmuseums **New Lanark** › S. 86 mit einem kleinen Abstecher zu den **Falls of Clyde** › S. 86, bevor man in das pulsierende Leben von **Glasgow** › S. 65 eintaucht und dort einen weiteren Tag verbringt.

Über die Äußeren Hebriden in acht Tagen

Route: Glasgow › Fort William › Inverness › Ullapool › Isle of Lewis › Isle of Harris › North Uist › Isle of Skye › Invergarry › Oban › Glasgow

Karte: Klappe hinten

Distanzen: Glasgow › Fort William 176 km; Fort William › Inverness 105 km; Inverness › Ullapool 92 km; Ullapool › Stornoway (Lewis) 2 Std. 45 Min. (Fähre); Stornoway › Tarbert (Harris) 58 km; Tarbert › Leverburgh 33 km; Leverburgh › Berneray (North Uist) 1 Std. (Fähre); Lochmaddy › Uig (Skye) 1 Std. 45 Min. (Fähre); Uig › Portree 47 km; Portree › Invergarry 135 km; Invergarry › Oban 110 km; Oban › Glasgow 201 km.

Verkehrsmittel:

Schon wegen der vielen sehenswerten Orte und Ausblicke sollten Sie die Tour mit dem Auto unternehmen, die Überfahrten zu den Inseln aber im Voraus buchen. Infos zu den Fährpassagen bei Caledonian MacBrayne unter www.calmac.co.uk.

Ein Erlebnis der besonderen Art verspricht diese Island-Hopping-Tour. Schon kurz hinter **Glasgow** › S. 65 in Richtung Norden kann man sich ein Bild von der Schönheit Westschottlands machen. Entlang dem **Loch Lomond** › S. 71 führt die Route durch den **Trossachs National Park** › S. 71 und dann durch das berühmte Tal **Glen Coe** › S. 119, einst Schauplatz blutiger Kämpfe zwischen zwei schottischen Clans, bis nach **Fort William** › S. 118, wo der erste Reisetag endet. Die touristisch geprägte Stadt ist ein wichtiger Verkehrsknoten und Ausgangspunkt für Bergtouren zum **Ben Nevis** › S. 118. Die Küstenstraßen am Loch Lochy und dem berühmten **Loch Ness** › S. 146 entlang führen durch herrliche Landschaft schließlich in die Stadt **Inverness** › S. 144. Am nächsten Morgen geht es weiter Richtung Nordwesten in das Hafenstädtchen **Ullapool** › S. 137, dessen schmucke weiße Häuser eine fotogene Kulisse bilden. Schon in der Ferne kann man die **Isle of Lewis** › S. 131 erblicken, zu der die Überfahrt mit »CalMac« knapp drei Stunden dauert. Im Ankunftshafen **Stornoway** › S. 131 bezieht man Quartier. Am nächsten Tag gehört ein Ausflug zu den prähistorischen **Standing Stones of Callanish** › S. 132 zum Pflichtprogramm. Bei der Weiterfahrt über die **Isle of Harris** › S. 131, von der der berühmte Tweed stammt, lohnt ein Spaziergang entlang der breiten Strände am türkisfarbenen Meer. Im Hauptort **Tarbert** › S. 133 verbringt man sicherlich eine geruhsame Nacht. Die Überfahrt von Harris nach **North Uist** › S. 133 ist nur kurz, auch hier lohnt sich die Erkundung der Inselgruppe (von Berneray bis zur Südspitze von **South Uist** › S. 134 sind es gut 80 km). Übernachtet wird in **Lochmaddy** › S. 134. In rund zwei Stunden bringt Sie die Fähre von dort auf die Perle der Hebriden, die **Isle of Skye** › S. 128. Mindestens einen Tag sollten Sie hier verbringen, denn es gibt neben einer Whiskybrennerei und dem **Dunvegan Castle** › S. 129 noch viel mehr zu sehen. Übernachten kann man in der Inselhauptstadt **Portree** › S. 129. Wieder aufs Festland führt die Skye Bridge bei **Kyle of Lochalsh** › S. 135. Unweit davon liegt **Eilean Donan Castle** › S. 135, die wohl meistfotografierte Burg Schottlands. Tagesziel ist das typische Highland-Dorf **Invergarry** › S. 146 mit einer sehenswerten Schlossruine. Nun führt die Route

Eilean Donan Castle in den Highlands

nach Süden ins lebhafte Hafenstädtchen **Oban** › S. 114, dem Ausgangspunkt
für verschiedene Fährverbindungen auf die Inneren Hebriden. Die Rückfahrt am letzten Tag über Lochgilphead und am Loch Fyne entlang nach
Glasgow bietet noch einmal große landschaftliche Schönheiten.

 Große Schottlandreise in zwei Wochen

Route: Edinburgh › Glasgow › Loch Lomond › Fort William › Portree ›
Strathpeffer › Lochinver › Thurso › Dornoch › Inverness › Aberdeen ›
Dundee › Edinburgh

Karte: Klappe hinten

Distanzen: Edinburgh › Glasgow 110 km; Glasgow › Fort William 176 km;
Fort William › Portree 176 km; Portree › Strathpeffer 156 km; Strathpeffer ›
Lochinver 123 km; Lochinver › Thurso 200 km; Thurso › Dornoch 135 km;
Dornoch › Inverness 70 km; Inverness › Aberdeen 169 km; Aberdeen › Dun-
dee 110 km; Dundee › Edinburgh 102 km.

Verkehrsmittel:

Ab einer Aufenthaltsdauer von zwei Wochen empfiehlt sich die Mitnahme des eigenen Autos. Edinburgh erreicht man mit der Fähre über die nordenglische Hafenstadt Newcastle. Von dort sind es rund 200 km bis in die schottische Hauptstadt.
In den Highlands sollte man wegen der geringen Tankstellendichte immer genug
Benzin im Tank haben bzw. einen Kanister mitführen.

Die Tour beginnt mit einem prallvollen Besichtigungstag in **Edinburgh**
› S. 55 und führt am nächsten Morgen über **Stirling** › S. 104, dessen mächtige
Burg einst Maria Stuart bewohnte, nach **Glasgow** › S. 65. Hier sollte man sich
ebenfalls einen ganzen Tag zum Sightseeing gönnen. Vorbei am zauberhaften **Loch Lomond** › S. 71 geht es dann Richtung Norden durch das geschichts-
trächtige **Glen Coe** › S. 119, das auch Tal der Tränen genannt wird. Im
Tourismuszentrum **Fort William** › S. 118 bleiben Sie über Nacht. Die Panora-
mastraße, die von hier nach Westen führt, trägt den Beinamen **Road to the
Isles** › S. 118. An dieser Strecke befindet sich das **Glenfinnan-Monument**
› S. 118. Von **Mallaig** › S. 117 setzt man auf die **Isle of Skye** › S. 128 über, auf
der man gut ein bis zwei Tage verbringen kann. Schöne Hotels und B&Bs
gibt es in **Portree** › S. 129. Wieder aufs Festland geht es über die Skye Bridge,
die die Meerenge zwischen Skye und dem Festland bei **Kyle of Lochalsh**
› S. 135 überspannt, in nordöstlicher Richtung nach **Strathpeffer [C/D5]**. Hier
wohnt man luxuriös im B&B Craigvar (Craigvar, Strathpeffer IV14 9DL,
Tel. 01997/421 622, www.craigvar.com). Weiter nach Norden führt die Tour

Blick auf Edinburghs Royal Mile

zum Fischerort **Ullapool** › S. 137 und von dort entlang der grandiosen Küste nach **Lochinver** › S. 137, dem Ziel des Tages. Durch eine karge, aber durchaus reizvolle Landschaft verläuft die Route anderntags an der Nordspitze Schottlands entlang bis nach **Thurso** › S. 139, von wo die Fähren zu den **Orkneys** › S. 141 ablegen. Nach den grandiosen Impressionen der Fahrt gönnen Sie sich in Thurso eine Pause. Tags darauf ist es nur ein kurzer Weg bis nach **John o' Groats** › S. 140 an der nordöstlichsten Spitze des schottischen Festlands. Weiter geht es in südlicher Richtung entlang der Nordseeküste über Wick bis ins Küstenstädtchen **Dornoch** › S. 142. Unterwegs sollte man sich den Besuch des märchenhaften Schlosses **Dunrobin Castle** › S. 142 nicht entgehen lassen. Das nächste Tagesziel ist **Inverness** › S. 144, das Verwaltungszentrum der Highlands und Ausgangpunkt für einen Abstecher zum **Loch Ness** › S. 146 zur Jagd nach »Nessi«. Inverness bietet Unterkünfte für jeden Geschmack und Geldbeutel. Interessante Burgen (z. B. **Cawdor Castle** › S. 145 oder **Huntley Castle** › S. 89) liegen auf der Strecke von Inverness nach **Aberdeen** › S. 92, dessen Granithäuser den besonderen Flair der Stadt ausmachen. Am nächsten Morgen reihen sich entlang der Küste Richtung Süden viele kleine Fischerdörfer aneinander, in denen ein Stopp lohnt, um frisch gefangenen oder geräucherten Fisch zu probieren. Auf jeden Fall sollte man **Glamis Castle** › S. 102 besucht haben, bevor man **Dundee** › S. 102 zum Übernachten ansteuert. Von der Stadt am Tay führt die Route über die spektakuläre Tay Bridge in Richtung **St Andrews** › S. 106, dem Mekka aller Golfspieler. Jetzt ist es nur noch ein kurzer Weg nach Edinburgh, vielleicht besucht man auf dem Weg noch die Stadt **Perth** › S. 103 sowie **Scone Palace** › S. 103, ein zauberhaftes Schloss mit einem Park voll seltener alter Bäume.

Infos von A–Z

Ärztliche Versorgung

Kostenlose ärztliche Versorgung bietet der **National Health Service** für Touristen aus der EU und der Schweiz gegen Vorlage der Europäischen Versichertenkarte. Eine Auslandskrankenversicherung ist ratsam.

Barrierefreies Reisen

Auskünfte, ein Verzeichnis barrierefreier Unterkünfte usw. bietet **TFA (Tourism for All)** 7A Pixel Mill, 44 Appleby Road, Kendal LA9 6ES, Tel. 0845/124 9971, www.tourismforall.org.uk.

Diplomatische Vertretungen
Generalkonsulat Deutschland
• 16 Eglinton Crescent, Edinburgh EH12 5DG, Tel. 0131/337 2323, www.edinburgh.diplo.de

Honorarkonsulat Österreich
• 9 Howard Pl., Edinburgh EH3 5JZ, Tel. 0131/558 1955, www.bmeia.gv.at

Generalkonsulat Schweiz
• 58/2 Manor Place, Edinburgh EH3 7EH, Tel. 0131/225 9313, edinburgh@honrep.ch

Einreisebestimmungen

Reisende aus EU-Staaten brauchen einen gültigen Personalausweis (Schweizer die nationale Identitätskarte) oder Pass. Autofahrer benötigen den nationalen Führerschein und Kfz-Schein, das Mitführen der Grünen Versicherungskarte ist ratsam.

Elektrizität

Die Netzspannung beträgt 240 Volt Wechselstrom. Erforderlich ist allerdings ein dreipoliger Adapter.

Feiertage

Neujahr, 2. Jan., Karfreitag, 1. Mo im Mai, letzter Mo im Mai, 1. Mo im Aug., 25., 26. Dezember.

Geld

Währung ist das Pfund Sterling (£); £ 1 = 100 Pence (p). Die von der Bank of Scotland und der Royal Bank of Scotland ausgegebenen Banknoten (zu £ 1, £ 5, £ 10, £ 20, £ 50, £ 100) sind den englischen Pfundnoten gleichgestellt, man sollte sie aber am besten noch in Schottland ausgeben. Kreditkarten werden so gut wie überall akzeptiert. Geldautomaten funktionieren mit Bank- wie Kreditkarten und PIN.
• Wechselkurse (Stand März 2017):
  1 € = ca. 0,85 £; 1 CHF = ca. 0,80 £;
  1 £ = 1,17 €/1,25 CHF

Haustiere

Unter strengen Bedingungen ist die Mitnahme von Hunden und Katzen erlaubt: Das Tier muss einen Mikrochip tragen, zudem werden die Nachweise einer Tollwutimpfung und Blutuntersuchung sowie der EU-Heimtierpass verlangt. Details unter www.gov.uk/take-pet-abroad oder bei Pet Travel Scheme Helpline, Tel. +44 (0) 370/241 1710.

Information
VisitScotland
Die VisitScotland Information Centres (»iCentres«) im ganzen Land halten Broschüren bereit und nehmen Unterkunftsbuchungen vor etc.
• Tel. 0845/859 1006 (in GB)
• www.visitscotland.com/about/practical-information/vic
• Infos auf Deutsch und Online-Buchungen: www.visitscotland.com/de-de

Großbritannien Reiseshop
Verkauf von Touringpässen, Tickets usw.
• www.visitbritainshop.com/
  deutschland

Maße und Gewichte
Offiziell gilt das metrische System, aber im Alltag, z. B. auf den Wochenmärkten oder im Pub, sind die alten Einheiten noch gebräuchlich:
• 1 pint (pt.) = 0,568 Liter
• 1 gallon (gal.) = 4,5459 Liter
• 1 ounce (oz.) = 28,35 Gramm
• 1 pound (lb.) = 453,6 Gramm

Notruf
Tel. 999 od. 112 für Polizei (Police), Feuerwehr (Fire Service), Krankenwagen (Ambulance), Küstenwache (Coastguard), Bergwacht (Mountain rescue).

Öffnungszeiten
• **Banken:** Mo–Fr mind. 9–16 oder 17 Uhr, manche länger (Do nachmittags oder evtl. Sa morgens).
• **Geschäfte:** Meist Mo–Sa 9–17.30/18 Uhr, in Touristenzentren/Großstädten länger, z.T. auch sonntags.
• **Pubs:** Keine Sperrstunde, viele Pubs öffnen Mo–Mi 10–23.30, Do–Sa bis 1 Uhr und länger, So 12–23.30 Uhr.
• **Postämter:** In der Regel Mo–Fr 8.30–17.30 Uhr, Sa oft bis 13 Uhr.

Rauchverbot
Rauchen in Pubs, Restaurants und Hotels ist verboten (hohe Bußgelder)!

Telefon/Handy/Internet
Münztelefone funktionieren mit Münzen zu 10, 20, 50 Pence und 1 £. Kartentelefone gibt es fast überall, Karten in Geschäften mit dem weißgrünen Schild **Phonecard.** Von öffentlichen Telefonzellen sind Fern- und Auslandsgespräche möglich, der Billigtarif gilt Mo–Sa 18–8 Uhr sowie So und Fei.

Handys funktionieren in britischen Netzen meist problemlos; in abgelegenen Gebieten kann es Funklöcher geben.
WLAN (Wi–Fi) wird oft in Restaurants, Cafés oder Pubs kostenlos angeboten.
Internationale Vorwahlen:
• nach Deutschland: 00 49
• nach Österreich: 00 43
• in die Schweiz 00 41
• nach Schottland (GB) 00 44

Trinkgeld
Taxifahrer erwarten 10–15 % des Fahrpreises. In Restaurants wird meist eine »Service Charge« von 10 % auf die Rechnung aufgeschlagen, man sollte dann kein weiteres Trinkgeld geben. Ansonsten sollte man nur dann ein angemessenes Trinkgeld geben, wenn sichergestellt ist, dass die Bedienung das Geld erhält und es nicht in die Taschen des Besitzers wandert. Das Thekenpersonal in Pubs bekommt kein Trinkgeld.

Zoll
Für EU-Bürger sind Waren des persönlichen Bedarfs zollfrei. Für Waren aus Nicht-EU-Ländern bzw. für Schweizer gelten folgende Höchstgrenzen: 200 Zigaretten oder 250 g Tabak, 1 l alkoholische Getränke über 22 Vol.-% oder 2 l unter 22 Vol.-% zu einer Gesamtsumme von maximal 300 CHF.

Urlaubskasse	
Tasse Kaffee	2 €
Cola/Wasser	1,80 €
1 pint Bier	4,40 €
Sandwich	4,20 €
Fish & Chips	7,10 €
Mietwagen/Tag Juni–Aug. sonstige Zeit	70 € 35 €
1 Liter Benzin	1,35 €

Register

A bbotsford House 77
Aberdeen 92
Aberlemno 101
Achiltibuie 137
Adam, James 44, 99
Adam, Robert 44, 60, 85
Alloway 85
Anstruther 105
Applecross 135
Arran 15, **71**
Aviemore 96
Ayr 85

B allater 100
Balmoral Castle 99
Banchory 100
Banff 99
Barra 134
Beinn Eighe National Nature
  Reserve 136
Ben Nevis 118
Bettyhill 139
Black Isle 144
Blair Castle 103
Boat of Garten 97
Bonnie Prince Charlie 39,
  118, 129, 130, 145, 146
Border Abbeys 79
Bowhill 78
Braemar 99
Bruce, Robert 38, 104, 112
Burns, Robert 43, 45, 47, 58,
  73, 81
Bute 71

C airngorms National
  Park 96
Cairnholy 82
Callanish 125, **132**
Cape Wrath 139
Castle Campbell 104
Castle Kennedy 84
Castle Tioram 117
Cawdor Castle 145
Clydebank 14
Columba (Mönch) 38, 116
Cragganmore Distillery 97
Crathes Castle 42, **95**

Croick Church 127
Cromarty 144
Cuillin Hills 128
Culloden 145
Culzean Castle 44, **85**

D ornoch 142
Dryburgh 79
Duart Castle 115
Dufftown 98
Dumfries 29, **81**
Dundee 102
Dunmore Pineapple 19
Dunnottar Castle 100
Dunrobin Castle 142
Dunvegan Castle 129
Durness 17, **139**

E dinburgh 13, 14, 16, **55**
• Arthur's Seat 59
• Calton Hill 60
• Canongate 59
• Castlehill 56
• Charlotte Square 44, **60**
• Edinburgh Castle 55
• Festivals 63
• Georgian House 60
• High Kirk of St Giles 19, **58**
• High Street 58
• Holyrood Park 59
• Huntly House 59
• John Knox's House 59
• Lawnmarket 17, **56**
• Leith 61
• Museum of Childhood 59
• National Museum of
  Scotland 58
• New Town 60
• Our Dynamic Earth 59
• Outlook Tower 56
• Palace of Holyrood-
  house 59
• Parliament House 58
• People's Story Museum 59
• Princes Street 12, **60**
• Royal Botanic Garden 60
• Royal Mile 56
• Royal Scottish Academy 60

• Scottish National Gallery 60
• Scottish National Gallery of
  Modern Art 60
• Scottish National Portrait
  Gallery 60
• Scottish Parliament 44, **59**
• Scott Monument 60
• The Hub 56
• Tron Kirk 59
• Water of Leith 60
• Writers' Museum 58
• Zoo 29, **61**
Eilean Donan Castle 135
Elgin 98
Elgol 128
Elie 105

F alkirk 15
Falkland Palace 105
Falls of Clyde 86
Fionnphort 115
Firth of Clyde 84
Firth of Forth 15, **105**
Flodigarry 130
Floors Castle 79
Fort William 118
Fraserburgh 99

G airloch 136
Galloway Forest Park 83
Glamis 102
Glasgow 12, **65**
• Buchanan Street 65
• Burrell Collection 69
• City Chambers 44, **65**
• Gallery of Modern Art 65
• George Square 65
• Glasgow Green 66
• Glasgow School
  of Art 44, **68**
• Glasgow Science
  Centre 69
• Glenlee »The Tall Ship« 69
• House for an Art Lover 69
• Hunterian Museum 68
• Kathedrale 66
• Kelvingrove Art Gallery and
  Museum 68

• Kelvingrove Park 68
• Necropolis 67
• People's Palace 66
• Pollok House 69
• Provand's Lordship 67
• The Barras Market 66
• Universität 68
• Willow Tea Rooms 16, **67**
Glen Coe 119
Glenfinnan 118
Glenlivet 97
Grantown on Spey 97
Grey Mare's Tail 81

Haggis 47
Handa Island 138
Harris 131
Hawick 79
Heinrich VIII. 38, 79
Helmsdale 142
Huntly 89

Inveraray 112
Inverewe Garden 16, **136**
Invergarry 13, **146**
Inverness 16, **144**
Inverurie 96
Iona 116
Islay 48, **113**

Jedburgh 79
John o' Groats 140
Jura 113

Keith 97
Kelso 79
Kennacraig 112
Kilchurn Castle 112
Kilmuir 130
Kilt Rock 130
Kinlochbervie 139
Kinlochewe 136
Kintyre 112
Kirkcudbright 82
Knox, John 38, 59
Knoydart 12
Kyle of Lochalsh 135

Leverburgh 133
Lewis 17, **131**
Lismore 115

Lochaline 117
Loch Awe 112
Loch Garten 97
Loch Insh 29
Lochinver 137
Loch Lomond 13, 14, 29, **71**
Loch Lomond and the
   Trossachs National Park 71
Loch Maree 136
Loch Ness 16, **146**
Logan Botanic Garden 84
Lunan Bay 101

Macbeth 145
MacDonald, Flora 130
Machars, The 83
Mackintosh, Charles
   Rennie 44, 67
Macpherson, James 43
Mallaig 117
Malt Whisky Trail 97
Manderston House 79
Melrose **77**, 79
Moffat 81
Montrose 101
Morvern 117
Mull (Insel) 115
Mull of Galloway 84
Mull of Kintyre 113

New Lanark 86
Newton Stewart 83
North Uist 133

Oban 114
Old Man of Storr 130
Orkneys 15, 49, **141**
Orwell, George 113

Peebles 80
Perth 103
Pitlochry 12, 13, 14, 15, 103
Plockton 31, **135**
Portree 12, **129**

Quiraing 130

Rankin, Ian 43, 58
Rhinns of Galloway 84
Road to the Isles 118
Royal Deeside 99

Salmond, Alex 39
Saltcoats 85
Scott, Sir Walter 43, 58, 73,
   76, 77, 78
Segeln 30
Selkirk 78
Shetlands 141
Shieldaig 135
Skye 128
Smith, Adam 59
Smoo Cave 13
Solway Firth 82
South Uist 17, 134
Speyside 49, 97, 98
Staffa 116
St Andrews 14, 106
Stevenson, Robert Louis 58
Stirling 15, **104**
St Kilda 13
St Mary's Loch 81
Stonehaven 13, **100**
Stornoway 131
Stranraer 84
Strathpeffer 151
Strontian 117
Stuart, Maria 38, 104
Sturgeon, Nicola 39
Summer Isles 137
Sweetheart Abbey 81

Tain 143
Talisker Distillery 128
Tarbert (Argyll) 112
Tarbert (Harris) 133
Thurso 139
Tiree 31
Tobermory 115
Tomintoul 98
Traquair House 80
Troon 85

Uig 131
Ullapool 137

Wallace, William 38
Whaligoe Steps 14
Whisky **47**, 56, 97, 113
Whithorn 83
Wick 141
Wigtown 83

Bildnachweis

Coverfoto: Drummond Castle, Perthshire, Schottland © Bildagentur Huber/Mirau
Fotos Umschlagrückseite © AWL/Peter Adams (links); Jahreszeitenverlag/Jan Brettschneider (Mitte); Fotolia/james entwistle (rechts)

Alamy/doughoughton: 105; Alamy/Derek Harris: 137; Alamy/David Robertson: 83; Alamy/Peter Tittmus: U2-4; Alamy/Travel Division Images: 61; Alamy Stock Photo/Scott Campbell: 63; AWL/Peter Adams: 6; DFDS Seaways: 24; Fotolia/Andreas Arnold: 117; Fotolia/Jule Berlin: 13; Fotolia/Ruth Black: 45; Fotolia/DE Photography: 148; Fotolia/jamesentwistle: U2-2; Fotolia/Hans-Martin Goede: 37, 107; Fotolia/Nataliya Hora: 129; Fotolia/Irina: 36; Fotolia/W. McKelvie: 80; Fotolia/Richard Melichar: U2-3; Fotolia/Maximilian Krä: U2-1; Fotolia/Scott McLean: 109; Fotolia/Hugh Shaw: 140; Hotel du Vin Glasgow: 70; Huber Images/Hans-Georg Elben: 34; Huber Images/Justin Fulkes: 121; Huber Images/Maurizio Rellini: 58; Huber Images/Giovanni Simeone: 146; Jahreszeiten Verlag/Aaron Moser: 41; Jahreszeitenverlag/Tore Pedersen: 16; laif/Michael Amme: 32; laif/Gladieu/Le Figaro Magazine: 145; laif/Reiner Harscher: 31; laif/Krinitz: 46; laif/Dagmar Schwelle: 28; laif/robertharding/Adam Woolfitt: 102; LOOK-foto/age fotostock: 50, 93, 115, 130; LOOK-foto/Karl Johaentges: 87, 113; mauritius images/Jose Fuste Raga: 52; Brigitte Ringelmann: 8 o, 9 o, 9 u, 10; Schapowalow/SIME/Maurizio Rellini: 147; Shutterstock/Aumphotography: 27; Shutterstock/Jule Berlin: 77; Shutterstock/Richie Chan: 54; Shutterstock/Cornfield: 8 u; Shutterstock/Claudio Divizia: 44, 65; Shutterstock/Stephen Finn: 64; Shutterstock/Heartland Arts: 15; Shutterstock/Brendan Howard: 68; Shutterstock/Phillip Maguire: 120; Shutterstock/meunierd: 20; Shutterstock/Jaime Pharr: 48; Shutterstock/PHB.cz Richard Semik: 96; Shutterstock/Photo Image: 125; Shutterstock/PlusONE: 152; Shutterstock/stocker1970: 150; Shutterstock/Graham Taylor: 134; Shutterstock/Michael Warwick: 72; stock.adobe.com/Circumnavigation: 85; stock.adobe.com/johnbraid: 98; stock.adobe.com/A. Karnholz: 142.

Liebe Leserin, lieber Leser,
wir freuen uns, dass Sie sich für diesen POLYGLOTT on tour entschieden haben. Unsere Autorinnen und Autoren sind für Sie unterwegs und recherchieren sehr gründlich, damit Sie mit aktuellen und zuverlässigen Informationen auf Reisen gehen können. Dennoch lassen sich Fehler nie ganz ausschließen. Wir bitten Sie um Verständnis, dass der Verlag dafür keine Haftung übernehmen kann.

Ihre Meinung ist uns wichtig. Bitte schreiben Sie uns:
GRÄFE UND UNZER VERLAG
Postfach 86 03 66, 81630 München, Tel. 0 89 / 419 819 41
www.polyglott.de

LESERSERVICE
polyglott@graefe-und-unzer.de
Tel. 0 800 / 72 37 33 33 (gebührenfrei in D, A, CH), Mo–Do 9–17 Uhr, Fr 9–16 Uhr

1. aktualisierte Auflage 2018

© 2018 GRÄFE UND UNZER VERLAG GmbH, München
Dieses Buch wurde auf chlorfrei gebleichtem Papier gedruckt.
ISBN 978-3-8464-2044-7

Bei Interesse an maßgeschneiderten POLYGLOTT-Produkten:
Verónica Reisenegger
veronica.reisenegger@graefe-und-unzer.de

Bei Interesse an Anzeigen:
KV Kommunalverlag GmbH & Co KG
Tel. 089/928 09 60
info@kommunal-verlag.de

Redaktionsleitung: Grit Müller
Verlagsredaktion: Anne-Katrin Scheiter
Autor: Brigitte Ringelmann, Thomas Rudolf
Redaktion: Martin Waller
Bildredaktion: Barbara Schmid und Nafsika Mylona
Mini-Dolmetscher: Langenscheidt
Layoutkonzept/Titeldesign: fpm factor product münchen
Karten und Pläne: Sybille Rachfall und Kunth Verlag GmbH & Co. KG
Satz: Tim Schulz, Mainz
Herstellung: Anna Bäumner
Druck und Bindung: Printer Trento, Italien

PEFC/18-31-506

GRÄFE UND UNZER

Ein Unternehmen der
GANSKE VERLAGSGRUPPE

Mini-Dolmetscher Englisch

Allgemeines

Guten Morgen.	Good morning. [gud **moh**ning]
Guten Tag. (nachmittags)	Good afternoon. [gud after**nuhn**]
Hallo!	Hello! [häll**loh**]
Wie geht's?	How are you? [hau **ah**_ju]
Danke, gut.	Fine, thank you. [**fain**, **Θänk**_ju]
Ich heiße ...	My name is ... [mai **nehm**_is]
Auf Wiedersehen.	Goodbye. [gud**bai**]
Morgen	morning [**moh**ning]
Nachmittag	afternoon [after**nuhn**]
Abend	evening [**ihw**ning]
Nacht	night [nait]
morgen	tomorrow [tu**morr**oh]
heute	today [tu**deh**]
gestern	yesterday [**jes**terdeh]
Sprechen Sie Deutsch?	Do you speak German? [du_ju spihk **dseh**öhmən]
Wie bitte?	Pardon? [**pah**dn]
Ich verstehe nicht.	I don't understand. [ai **dohnt** ander**ständ**]
Würden Sie das bitte wiederholen?	Would you repeat that please? [wud_ju ri**piht** ðät, **plihs**]
bitte	please [**plihs**]
danke	thank you [**Θänk**_ju]
was / wer / welcher	what / who / which [wott / huh / witsch]
wo / wohin	where [wäə]
wie / wie viel	how / how much [hau / hau **matsch**]
wann / wie lange	when / how long [wänn / hau **long**]
warum	why [wai]
Wie heißt das?	What is this called? [**wott**_is ðis **kohld**]
Wo ist ...?	Where is ...? [**wäər**_is ...]
Können Sie mir helfen?	Can you help me? [kän_ju **hälp**_mi]
ja	yes [jäss]
nein	no [noh]
Entschuldigen Sie.	Excuse me. [iks**kjuhs** miðə]
rechts	on the right [on ðə reit]
links	on the left [on ðə left]
Gibt es hier eine Touristeninformation?	Is there a tourist information? [is_ðər_ə **tuə**rist in**fəmehsch**n]
Haben Sie einen Stadtplan?	Do you have a city map? [du_ju häw_ə **Ξ**iti mäpp]

Shopping

Wo gibt es ...?	Where can I find ...? [wäə kən_ai **faind** ...]
Wie viel kostet das?	How much is this? [hau_matsch is_ðis]
Das ist zu teuer.	This is too expensive. [ðis_is **tuh** iks**pänn**Ξiw]
Das gefällt mir (nicht).	I like it. / I don't like it. [ai **laik**_it / ai **dohnt** **laik**_it]
Wo ist eine Bank / ein Geldautomat?	Where is a bank / a cash dispenser? [**wäər**_is ə_bänk / ə käsch dis**pänn**ser]
Geben Sie mir 100 g Käse / zwei Kilo ...	Could I have a hundred grams of cheese / two kilograms of ... [kud_ai häw_ə **hann**drəd grämms_əw tschihs / **tuh kill**əgrämms_əw ...]
Haben Sie deutsche Zeitungen?	Do you have German newspapers? [du_ju häw **dseh**öhmən **njuhs**pehpers]

Essen und Trinken

Die Speisekarte, bitte.	The menu please. [ðə **männ**ju plihs]
Brot	bread [bräd]
Kaffee	coffee [**kof**i]
Tee	tea [tih]
mit Milch / Zucker	with milk / sugar [wið **milk** / **schugg**er]
Orangensaft	orange juice [**orr**əndseh_**dseh**uhs]
Mehr Kaffee, bitte.	Some more coffee please. [Ξəm_moh **koff**i plihs]
Suppe	soup [Ξuhp]
Fisch	fish [fisch]
Fleisch	meat [miht]
Geflügel	poultry [**pohl**tri]
Beilage	sidedish [**Ξaidd**isch]
vegetarische Gerichte	vegetarian food [**wäd**sehə**tär**iən fud]
Eier	eggs [ägs]
Salat	salad [**Ξäl**əd]
Dessert	dessert [di**söht**]
Obst	fruit [fruht]
Eis	ice cream [ais **krihm**]
Wein	wine [wain]
weiß / rot / rosé	white / red / rosé [wait / räd / **roh**seh]
Bier	beer [biə]
Mineralwasser	mineral water [**minn**rəl wohter]
Ich möchte bezahlen.	I would like to pay. [ai_wud **laik**_tə peh]